AF198079

Die Motivation dieses Taschenbuch zu schreiben war es den Interessierten diese Sportart näher zu bringen.

Erklärt werden die verschiedenen Segelwagen-klassen. Erläutert werden die Bauweisen der Strandsegler, die konstruktiven Unterschiede der Lenkung, Achsen und des Riggs. Es werden Tipps für den Trimm und Einstellungen des Se-gelwagens beschrieben.

Warum man schneller als der Wind segeln kann, wird durch aerodynamische Zusammenhänge aufgezeigt.

Da die Regeln (Wettfahrtregeln) für das Strand-segeln von den Regeln des Wassersegelns abwei-chen, werden diese Regeln ausführlich behan-delt.

Abschließend wird auf einige Strandsegelreviere in Europa hingewiesen.

Ich hoffe, hier eine verständliche Anleitung ge-geben zu haben, um diesen interessanten und schönen Sport mit viel Freude auszuüben.

Rolf Urbansky

Strandsegeln

Klassen Technik Regeln Reviere

© 2020 Rolf Urbansky

Verlag & Druck: tredition GmbH, Hamburg
Halenreie 40-44 / 22359 Hamburg

ISBN 978-3-347-00116-9 (Paperback)
ISBN 978-3-347-00117-6 (Hardcover)
ISBN 978-3-347-00118-3 (e-Book)

Das Werk, einschließlich seiner Teile, ist urheberrechtlich geschützt. Jede Verwertung ist ohne Zustimmung des Verlages und des Autors unzulässig. Dies gilt insbesondere für die elektronische oder sonstige Vervielfältigung, Übersetzung, Verbreitung und öffentliche Zugänglichmachung.

Inhaltsverzeichnis

Vorwort

Früh erkannte man, dass mit Hilfe des Windes auch auf dem Land Lasten befördert werden konnten.

Nicht nur auf dem Wasser mit Segelschiffen oder auf dem Eis mit Eisseglern, wie in den Niederlanden, wo Kufen unter die Plattbodenschiffe montiert wurden, um auch im Winter die Versorgung sicher zu stellen.

Die Erkenntnis den Wind für Transporte auf dem Land zu nutzen,wurde schon von den alten Ägyptern um 2000v.Chr, zum Befördern der Steine für die Pyramiden genutzt.

Aber nicht nur zum Transport von Lasten, sondern auch als Sport wurde und wird das Landsegeln oder wie wir es nennen, das Strandsegeln, betrieben.

In der neueren Zeit segelten zuerst die Belgier seit 1900 mit selbstgebauten Segelwagen an ihrer Küste.

In Deutschland begann man Ende der 50er Jahre mit dem Strandsegeln und schon 1963 wurde in St. Peter Ording die erste Standsegel-europameisterschaft ausgetragen.

Die Teilnehmer dieser Meisterschaft kamen aus Belgien, England, Frankreich und Deutschland.

Diese ersten Europameisterschaften wurden vom Yacht Club St. Peter Ording organisiert.

Die Strandsegelszene bestand bis Mitte der 70er Jahre aus Segelwagen der Klasse 2 und 3 oder Umbauten des DN Eisseglers, den es zu dieser Zeit schon gab.

Diese Segelwagen haben den Nachteil,dass sie groß und schwer sind. Der Wunsch nach kleineren und handlicheren Segelwagen setzte bald ein.

Viele Konstruktionen wie der Manta oder Blokart und weitere Einheitsklassen kamen auf den Markt.

Lange Jahre war die Klasse 5 sehr verbreitet, eine Konstruktionsklasse mit großen Regattafeldern.

Aus der 5 Klasse entwickelte sich der Promo, eine preiswertere Variante.

In den letzten Jahren hat sich auch durch den Kitebuggysport eine neue Klasse gebildet wiederum eine Konstruktionsklasse.

Einige der Kitebuggysegler bauten sich ein Segel anstelle des Kites an ihren Buggy.

Diese neue Klasse wurde Mini Yacht 5.6 genannt und es war alles erlaubt, was in eine Seilschlaufe von 5,6 m passt, egal welche Segelfläche.

Die Fisly hat diese Vermessungsvorschrift inzwischen weiter eingeschränkt, um eine Wettbewerbsungleichheit zu vermeiden.

Da diese Segelwagen aufgrund ihrer Bauweise sehr "handlich" sind , ist ein Transport sogar in einem Kofferraum möglich.

Diese neuen Klassen haben zur Belebung der Standsegelszene beigetragen und werden auch von den Damen in einem solchen Umfang angenommen, dass diese eine eigene Deutsche- und Europameisterschaft austragen können.

In Deutschland kann man diesen Sport in St. Peter Ording und auf den Inseln Borkum, Juist, Norderney und Langeoog betreiben.

Beim Auf- und Abbau der Strandsegler wurden mir viele Fragen gestellt, was mich veranlasste, alles Wissenswerte zusammen zutragen und in Buchform zufassen. Unter den Fragenden waren auch Segler, die den Unterschied zum Wassersegeln erklärt haben wollten und warum man beim Strandsegeln schneller als der Wind segeln kann und sogar manchmal muss.

Zu diesen aerodynamischen Besonderheiten beim Strandsegeln werden auch die wichtigsten Vorfahrtsregeln beim Segeln am freien Strand , sowie beim Ausüben als Regattasegler erläutert.

Auch auf das Verhalten in kritischen Situationen wird hingewiesen.

Ohne dieses Grundwissen oder ohne eine fachkundige Einweisung Strandsegeln zu wollen, ist mehr als leichtsinnig und kann zu schweren Unfällen führen.

Ein Strandsegelkurs, verbunden mit dem zu erwerbenden Strandsegelschein, ist schon aus versicherungstechnischen Belangen sehr zu empfehlen.

Über Standsegelschulen kann man sich im Internet informieren.

Die Strandsegelwagenklassen

Die Wünsche und Anforderungen der Menschen an einen Strandsegelwagen sind sehr unterschiedlich.

Es ist daher selbstverständlich, dass es verschiedene Segelwagen gibt.

Ganz am Anfang nahm man einen Wagen, setzte ein Segel darauf und los ging es.

Heute gibt es fast ausschließlich dreirädrige Segelwagen. Mit dem Vorderrad wird gelenkt.

Mini Yacht 5.6

Beginnen möchte ich mit der neuesten Klasse. Dies ist die Mini Yacht 5.6.

Das 5.6 steht dafür, dass der Segelwagen in eine 5,6 m lange Schlaufe passen muss.

Das Seil mit 4 mm Durchmesser wird um die drei Räder herumgelegt.

Weitere Vermessungsangaben sollte man sich immer aktuell aus dem Internet unter Fisly Mini Yacht herunterladen, da diese Klasse in Bewegung ist.

Am Anfang war bis auf die 5,6 m lange Schlaufe um die Räder alles freigestellt und so konnte in dieser Klasse fast alles mitsegeln.

Also Blokart, Manta, Potti, umgebaute Kitebuggys usw. sowie alle Eigenbauten, die dieses Kriterium erfüllten. Dies führte zu einem Wildwuchs und zu nicht mehr vergleichbaren Segelleistungen.

Es gibt vollverkleidete Segler, bei denen sogar die Räder strömungsgünstig verkleidet sind.

Hier wurde der Begriff Konstruktionsklasse weltweit voll ausgelebt.

Nun hat die Fisly eingegriffen und die Bauvorschriften eingeengt.

Die Verkleidungen wurden untersagt und die Überhänge sowie der Raddurchmesser begrenzt. Die Segelfläche wurde aktuell noch nicht begrenzt.

Es ist eine Spielwiese für Konstrukteure und Bastler geblieben.

Ich selbst habe kürzlich eine Mini Yacht gebaut., resultierend aus meiner Erfahrung mit dem Bau meiner Klasse 5 Segelwagen. Mich hat der leichte Transport sowie der geringere Aufwand gereizt.

Gut war auch, dass ich von der Klasse 5 das komplette Rigg übernehmen konnte. In Frankreich wurde aus einem Promo, der aus der Klasse 5 entstanden ist, der Mini Promo. Besonderen Wert habe ich auf eine aufrechte Sitzposition gelegt, denn die liegende Position in den anderen Segelwagenklassen ist gerade für den Anfänger sehr gewöhnungsbedürftig.

Momentan fertige ich gerade eine Baubeschreibung einer Mini Yacht 5.6 für Selbstbauer an.

Es gibt inzwischen sehr gute Mini Yachten in qualitativ hochwertiger Ausstattung zu kaufen.
(Manta, Blokart , Mini Promo. oder Mini Yacht 5.6)

Für jemanden, der sich einfach nur einen kleinen Strandsegler zulegen möchte, kann im Internet unter diesen Begriffen suchen und wird diverse Bezugsquellen finden.

Die Klasse 5 und der Promo

Diese Strandsegler sind geeignet für Personen mit einem Gewicht von ca. 60 bis 100 kg.

Auch hier lassen die Vermessungsvorschriften einen erheblichen Spielraum zu, bezüglich der Bauausführung.

So ist bei einer Breite von 2 Metern und einem Radstand von 2,5 m für das Chassis fast jede Konstruktion möglich. Die Masthöhe ist auf 5,5 m bei einer Segelfläche von 5,5 Quadratmetern begrenzt. Die Radgröße ist freigestellt. Der Masten muss aus zylindrischen Rohren bestehen. Das Gewicht des Segelwagens darf 50 kg nicht unterschreiten. Es gibt für diesen Typ Segelwagen einige Hersteller in Frankreich und England.

Für Selbstbauer wird auch hier angeraten, falls man so einen Wagen bauen will, sich die aktuelle Vermessungsvorschrift der Fisly aus dem Internet herunterzuladen.

Die Klasse 5 ist breiter und länger als die Mini Yacht, daher läuft dieser Segelwagen auch schneller und stabiler als eine Mini Yacht.

Der Standard (Einheitsklasse)

Dieser Segelwagen ist größer als der Segelwagen der Klasse 5 und der Pilot liegt in einem Monocoque aus GFK, welches unter einem geschweißten Y-Rahmen gehängt ist. Die Segelfläche liegt bei 6,5 Quadratmetern. Die Masttasche ist vorprofiliert. Die Breite ist 2,5 m, der Radstand ist 3 m. Diese Segelwagenklasse ist für jemanden geeignet, der möglichst mit dem gleichen Material an Wettbewerben teilnehmen will. Es bleiben noch einige wenige Möglichkeiten den Segelwagen zu optimieren, wie das Einstellen der Spur und dem Sturz.
Als Neueinsteiger in dieser Klasse sollte man beobachten und viel fragen.
Der Hersteller dieses Segelwagens hat noch viele Varianten des Landsegelns im Programm und wer interessiert ist sollte sich im Internet informieren.

Die Klasse 3

Die Klasse 3 Yacht ist wohl die aus dem TV bekannteste Strandsegelyacht.

Die Breite beträgt 3,5 m, der Radstand darf 3,5 m nicht überschreiten und die Segelfläche darf inklusive Masten und Baum 7,35 Quadratmeter betragen. Das Gesamtgewicht der segelfertigen Yacht ohne Pilot darf 100 kg nicht unterschreiten. Die Bauweise ist freigestellt, es ist jedoch fast nur eine Bauweise üblich. Tragendes Element ist ein aerodynamisch geformter Rumpf mit Cockpit für den Piloten. Dieser Rumpf besteht aus GFK. Wahlweise sind auch Kohle-Aramid Fasern verbaut. Es gibt auch komplette Carbon Rümpfe. Die Planke, mit der der Rumpf verschraubt ist und an der die Hinterräder befestigt sind, ist meistens aus Eschenholz. Diese Materialalternativen gibt es auch bei Mast, Baum und Planke.

Dies ist alles eine Frage der Kosten.

So kann eine absolute" Rennziege "schon einmal mit 20.000 Euro zu Buche schlagen.

Die Klasse 2

Dieser Segelwagen hat eine Segelfläche von 11,3 Quadratmetern, wobei 8 Quadratmeter nicht unterschritten werden dürfen. Die Vermessungsvorschriften besagen, dass der Wagen mindestens 3,65 m breit sein muss und eine Mindestlänge von 4,15 m nicht unterschreiten darf. Dieser Wagen ist somit breiter und länger als der Klasse 3 Wagen.
Weltmeister- und Europameisterschaften werden ebenfalls in dieser Klasse ausgetragen.
Man kann sagen, dass sich die Hochburg dieser Klasse in Belgien befindet.

Wie beginne ich?

Die ersten Übungen mit dem Segelwagen sollte man auf einem möglichst großen freien Platz bei nicht zu starkem Wind beginnen.

Dies sollte natürlich mit Sturzhelm, Schutzbrille, Handschuhen und in solider Kleidung (Overall) geschehen.

Es ist auch anzuraten, dass sich ein Beobachter in Sichtweite aufhält, um Hilfe zu leisten. Das hört sich alles sehr gefährlich an, sind aber nur Vorsichtsmaßnahmen für den Anfang, obwohl man auch später an leeren Stränden nicht alleine segeln sollte.

Das Gebiet, auf dem man beabsichtigt zu üben, sollte anfangs kontrolliert befahren werden, um nicht unliebsame Überraschungen zu erleben, wie z.B. Priele Löcher , Gegenstände usw..

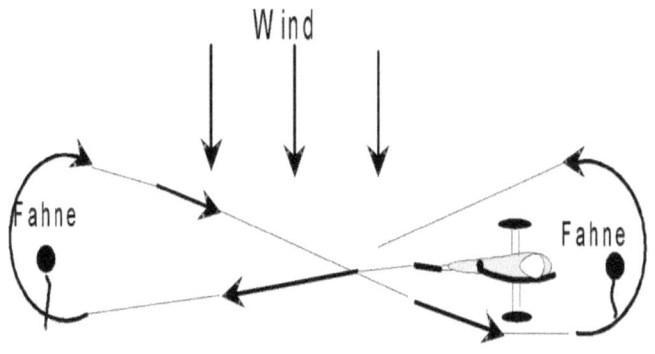

Es ist empfehlenswert, senkrecht zum Wind, einen Kurs mit zwei Fahnen abzustecken, von ca. 500 m. Dies erleichtert einen Halbwindkurs zu fahren. Das ist der Kurs, bei dem der Wind genau von der Seite kommt, egal ob von rechts oder links.

Am Anfang ist es sehr schwer mit der ungewohnten Fußsteuerung den Kurs zu halten, da sich durch die Fahrgeschwindigkeit die Windrichtung scheinbar ändert. Der Wind kommt scheinbar mehr von vorn.

Man stellt den Segelwagen so auf, dass das Bugrad in die Richtung auf die entfernt liegenden Fahne zeigt.

Das Segel ist weit geöffnet.
Sitzt man im Strandsegler, wird das Segel langsam dicht geholt, der Segelwagen nimmt Fahrt auf.
Reicht der Wind nicht aus ohne fremde Hilfe anzufahren, muss der Strandsegler angeschoben werden. Zu Beginn sollte dies mit Hilfe der Begleitperson geschehen.

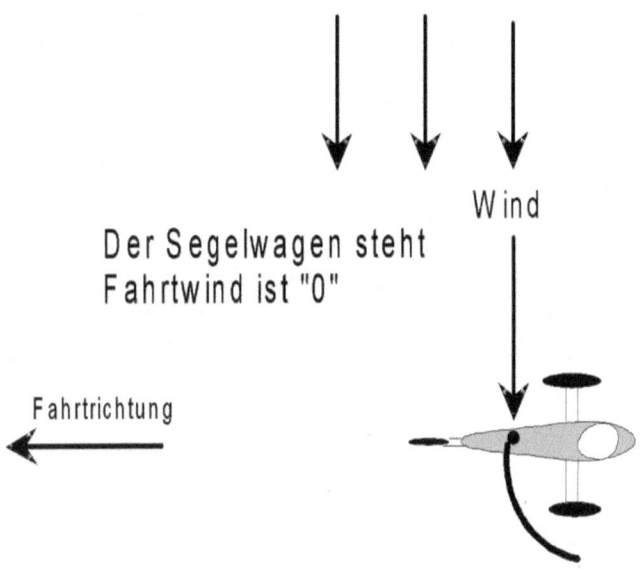

Wind

Der Segelwagen steht
Fahrtwind ist "0"

Fahrtrichtung

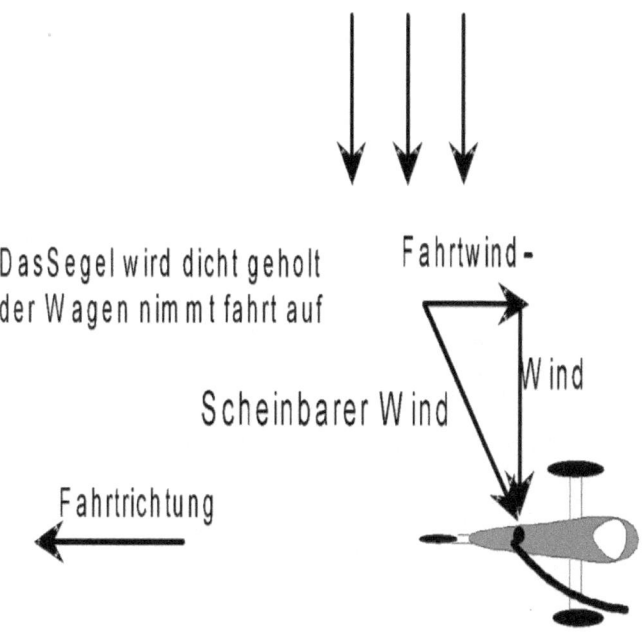

Das Segel wird dicht geholt
der Wagen nimmt fahrt auf

Fahrtwind -

Wind

Scheinbarer Wind

Fahrtrichtung

Das Dichtholen des Segels sollte immer mit viel Gefühl erfolgen, denn die hohe Geschwindigkeitszunahme wird einen Anfänger verunsichern und möglicherweise Fehlreaktionen auslösen.

In den Abbildungen sind Pfeile eingezeichnet. Diese Pfeile geben entweder die Fahrtrichtung an oder, wenn sie direkt an das Segelprofil gezeichnet sind, stellen sie die sogenannte Geschwindigkeitsvektoren dar.

Die Geschwindigkeitsvektoren geben jeweils die Windrichtung der verschiedenen Komponenten beziehungsweise ihre Größe an.

Wir haben es, wenn der Segelwagen steht, nur mit einer Komponente dem wahren Wind zu tun. Bewegt sich der Segelwagen, kommt der Fahrtwind dazu. Der Fahrtwind wirkt immer direkt von vorn.

Den Wind, den der Pilot im Stand spürt, ist der wahre Wind.

Bewegt sich der Segelwagen spürt der Pilot den scheinbaren Wind. Der scheinbare Wind ist das Ergebnis aus dem wahren Wind und dem Fahrtwind. Darstellen und ermitteln kann man die Richtung und die Größe des scheinbaren Windes mit Hilfe des Vektordiagramms.

Die ersten Runden sollten also immer mit leicht geöffnetem Segel gefahren werden.

Wird das Segel dichter genommen wird man schneller.

Lässt man das Segel wieder los, bis es flattert wird man langsamer. Erreicht man die Fahne lässt man das Segel etwas locker und lenkt nach rechts, im Uhrzeigersinn, gegen den Wind um die Fahne herum.

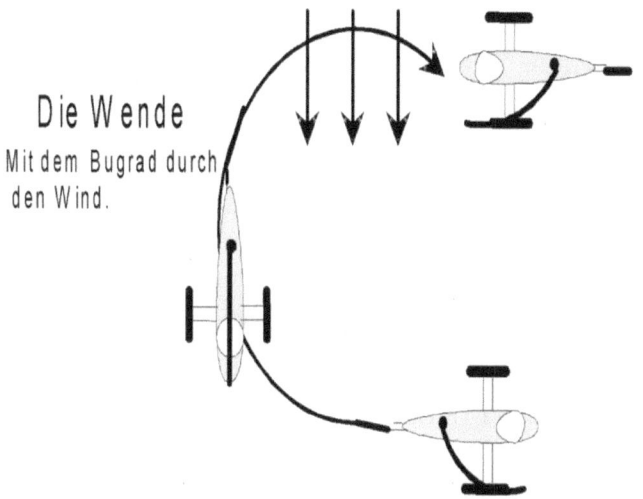

Die Wende

Mit dem Bugrad durch den Wind.

Dabei sollte man das Segel immer so dicht halten, dass man einen Widerstand spürt.

Nach dem Umrunden steuert man die andere Fahne an. Rundet diese auf gleiche Weise seitenverkehrt, also entgegen dem Uhrzeigersinn, wobei man die Fahne von unten rundet, also gegen den Wind,.

Es sei dringend davon abgeraten, ohne Übung auf den sogenannten Vorwindkurs zu gehen.

Diesen Kurs sollte man nun so lange fahren bis man sich sicher fühlt.

Zwischendurch sollte man anhalten. Dieses Manöver wird wie folgt ausgeführt.

Der Strandsegler wird in die Richtung gesteuert, aus der der Wind kommt. Das Segel wird, nachdem man die Schot losgelassen hat, am Baum gefasst und wird gegen den Fahrtwind gedrückt.

Falls das Segel nicht weit genug aufgeht, muss der Wagen genau gegen den Wind gelenkt werden.

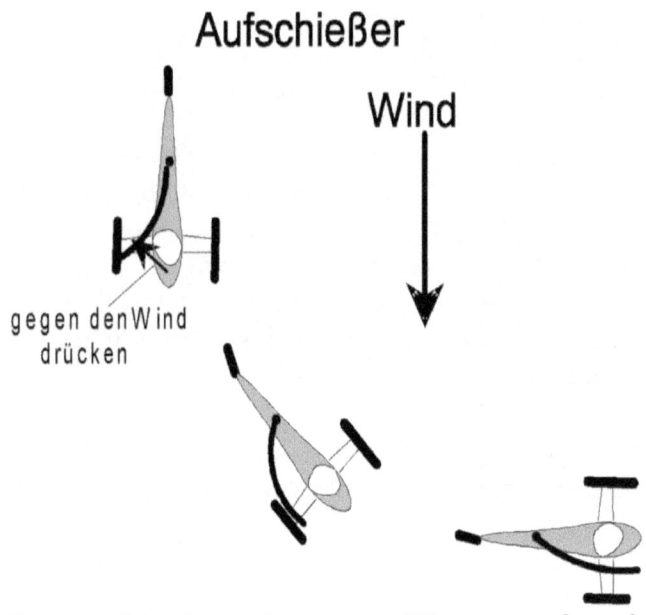

Aufschießer

Wind

gegen den Wind
drücken

Dieses Manöver ist vom Wassersegeln als Aufschießer bekannt.

Kurz vor dem Stand kann man auch die Kratzbremse benutzen, um den ausrollenden Wagen zu stoppen.

Bei einem Strandsegler ist es nicht immer erforderlich bis ganz in den Wind zu fahren, da die Räder mit ihrem Rollwiderstand den Rest tun.

Steht man direkt mit dem Bugrad im Wind, muss man erst einmal den Wagen um 45° vom Wind wegdrehen, um den Wagen wieder in Fahrt zu bekommen.

Das Anfahren erfolgt dann wieder wie bereits beschrieben.

Klappen die Manöver beim Umrunden der Fahnen und hat man den Segelwagen unter Kontrolle, sollte die Geschwindigkeit durch das Dichtholen des Segels gesteigert werden.

Das Vektordiagramm zeigt, dass die Geschwindigkeit auf dem Halbwindkurs deutlich höher ist als die tatsächliche Windgeschwindigkeit.

Der Vektor der Fahrtwindgeschwindigkeit ist ca. 3 mal so lang wie der Vektor des Windes.

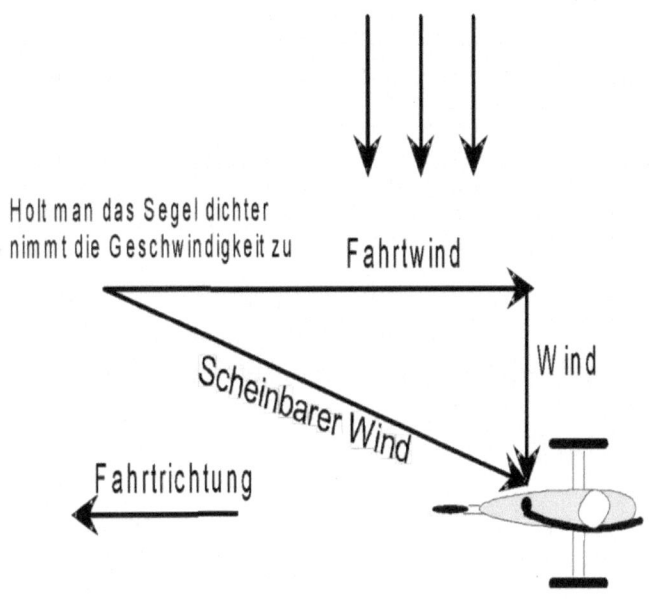

Holt man das Segel dichter
nimmt die Geschwindigkeit zu   Fahrtwind

Scheinbarer Wind

Wind

Fahrtrichtung

Bei einer Windgeschwindigkeit von ca. 16 km/h, das entspricht 3 Beaufort Windstärke, können mit dem Segelwagen also schon Geschwindigkeiten von 50-60 km/h erreicht werden.

Der Wind, der einem dann ins Gesicht bläst, ist dann schon stark. Er entspricht bei 65 km/h fast Windstärke 8 nach der Beaufortskala. Das ist auch die Windstärke, die auf das Segel einwirkt. Bei einer Windstärke von 5 Bft., entsprechend 33 km/h Windgeschwindigkeit, können

Fahrgeschwindigkeiten von 100 km/h erreicht werden. Aus dem Vektordiagramm ergibt sich dann ein scheinbarer Wind von 120 km/h, der auf das Segel einwirkt.

Diese hohen Windgeschwindigkeiten und die Beherrschung der daraus resultierenden Kräfte ist sehr gewöhnungsbedürftig. Aber auch das Segelmaterial und das komplette Rigg müssen für diese Belastung ausgelegt sein.

Wenden wir uns nun erst einmal dem Amwindkurs oder auch gegen den Wind zu. Einem Bereich, der dem gewohnten Segeln am Nächsten kommt.

Da natürlich der Strand oder die Fläche, auf der geübt wird, immer begrenzt ist, muss eine Kursänderung eingeleitet werden.

Das Segeln am Wind

Jeder Kurs, der höher ist als halber Wind, ist das Segeln am Wind.

Das Anfahren am Wind ist auch möglich. Bei sehr wenig Wind ist dies empfehlenswerter als das Anfahren mit halbem Wind, da das Segelprofil sich bei etwas dicht geholtem Segel besser ausbildet und die Vortriebskräfte dadurch höher sind.

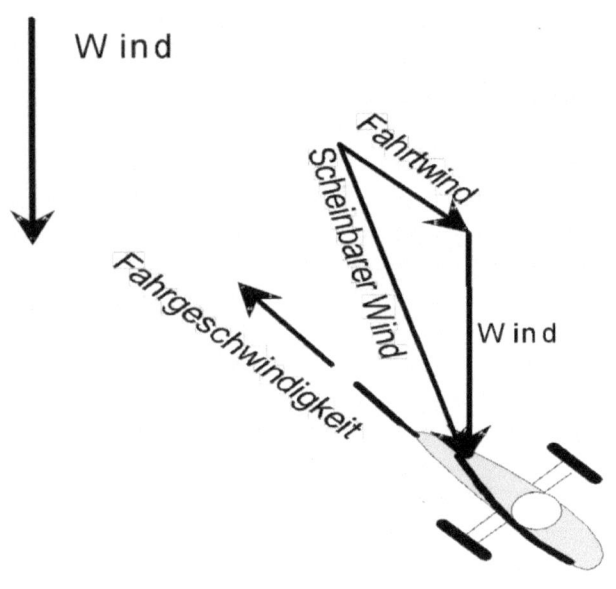

Hat man nun langsam, nachdem man viele Achten mit nicht ganz dicht gezogenem Segel gefahren ist, ein Gefühl und Vertrauen zu dem Segelwagen gewonnen, kann man mit dem nächsten Schritt Kreuzen am Wind beginnen.

Hierzu lenkt man bis ca. 45° an den Wind, wobei das Segel möglichst dicht genommen wird.

Die Höhe am Wind sollte nur so hoch sein, dass die Fahrgeschwindigkeit nicht zu langsam wird.

Wird man mit dichtem Segel zu langsam, sollte sofort leicht abgefallen werden.

Diese Manöver müssen sehr ruhig ausgeführt werden.

Um also den Segelwagen immer auf einer optimalen Geschwindigkeit zu halten, ist ein leichter Schlangenlinienkurs am Wind sehr wirksam.

In dem folgenden Diagramm sind die möglichen Fahrgeschwindigkeiten in Abhängigkeit vom Kurs dargestellt.

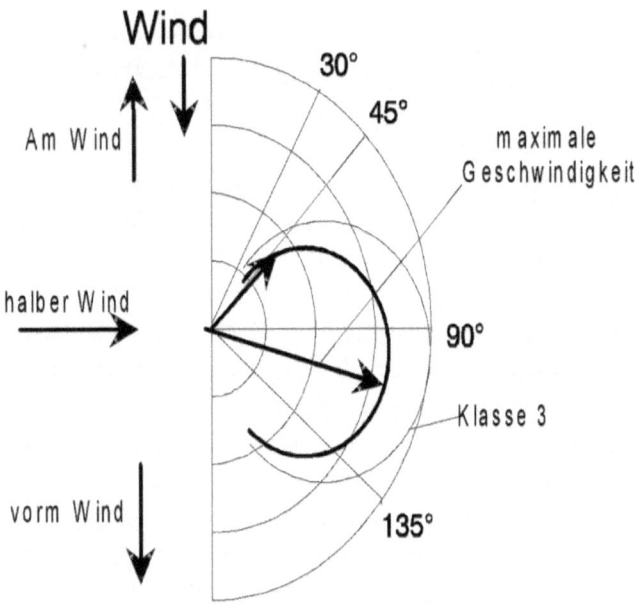

Deutlich zu ersehen ist die Abnahme der Fahrgeschwindigkeit mit der Höhe am Wind. Bei einer Höhe von 30° am Wind geht sie gegen Null. Ebenso deutlich ist die Zunahme der Fahrgeschwindigkeit beim Abfallen vom Wind zu erkennen.

Der hier eingezeichnete Geschwindigkeitsverlauf entspricht einer Landyacht mit durchschnittlichen Fahrleistungen.

Die maximal erreichbare Geschwindigkeit liegt bei der 3 bis 4 fachen Windgeschwindigkeit.

Wenden wir uns nun wieder dem Kreuzen zu und der dabei auftretenden Reaktionen des Segelwagens auf die Windkräfte, die durch das Rigg in den Wagen eingeleitet werden.

Neben der erwünschten Vortriebskraft haben wir auch leider eine Kraft, die den Segelwagen umkippen will.

Das Rad in Luv, also auf der zum Wind liegenden Seite, wird entlastet und kann sogar vom Boden abheben.

Der Segelwagen beginnt zu steigen.

Dies ist am Anfang gewöhnungsbedürftig, stellt aber nur im Extremfall eine Gefahr dar.

Diesem Vorgang kann durch Öffnen des Segels oder durch höher an den Wind steuern entgegengewirkt werden. Nach einiger Übung macht es sogar Spaß, da bei ruhiger Handhabung mit dem Segel und der Fußsteuerung dieses Steigen gut kontrollierbar ist.

Durch den Widerstand des Segels wird dieser Vorgang gedämpft. Nur wenn das Segel plötzlich losgelassen wird, plumpst man auf den Boden zurück.

Hierbei können Schäden an Achsen und Rädern die Folge sein.

Die Wende

Die Wende hoch am Wind mit dichtem Segel.

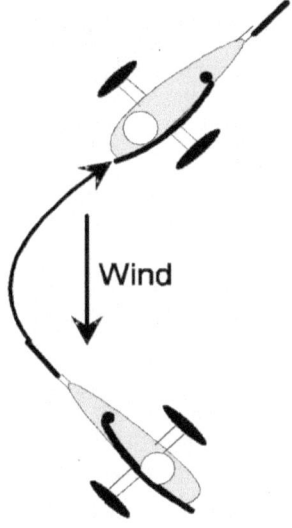

Wind

Dies geschieht auf der Kreuz. Das ist der Zickzackkurs gegen den Wind, mit einer Wende.

Die Wende muss mit ausreichendem Schwung gefahren werden, da im Augenblick, in dem man mit dem Bugrad durch den Wind geht, ein Geschwindigkeitsverlust eintritt.

Bei zu geringer Geschwindigkeit kann durch leichtes Abfallen noch einmal Fahrt aufgenommen werden, bevor man die Wende zügig einleitet.

Nach der Wende das Segel etwas lösen und mit Gefühl dicht holen.

Auch dieses Manöver sollte man häufig üben. Es ist sehr schwierig für den Anfänger auf dem neuen Bug gleich wieder die optimale Höhe zu finden.

Nun gilt wieder nicht einfach geradeaus weiter zu fahren, sondern immer wieder das Optimum zwischen Höhe am Wind und Geschwindigkeit suchen.

Nun kann man nicht nur gegen den Wind ankreuzen, man muss ja auch wieder zurück und damit sind wir bei dem Vorwindkurs.

Der Vorwindkurs

Der Vorwindkurs ist beim Strandsegeln, gegenüber dem bekannten Wassersegeln an der Kreuz, das eigentlich wirklich Neue.

Es ist gleichzeitig der schwierigste Kurs, auf dem auch erfahrene Segler noch Fehler machen.

Nachdem man jedoch die Grundregeln beherrscht, ist es auch der schönste Kurs, denn man kann gegenüber Konkurrenten mit Leichtigkeit hunderte von Metern gutmachen, wenn diese auch nur einen kleinen Fehler begehen.

Es ist zudem auch angenehm mit geringen Windkräften im Rigg eine hohe Geschwindigkeit zu fahren.

Die Erklärung für die geringeren Riggkräfte ist dem Vektordiagramm zu entnehmen.

Bei gleichem Fahrtwind wie auf dem Halbwindkurs, wirkt der wahre Wind zum Teil entgegen, sodass der scheinbare Wind kleiner wird. Das ist der Wind, den man selbst und das Segel spürt.

Bevor man jedoch auf den Vorwindkurs geht, muss über den Halbwindkurs ausreichend Geschwindigkeit aufgenommen werden.

Betrachtet man das Vektordiagramm für den Halbwindkurs, wird einem sehr schnell bewusst, dass der Anteil des wahren Windes gegenüber dem scheinbaren Wind, also der Wind, der uns den Vortrieb liefert, nur ein Drittel darstellt. Immer daran denken, der Fahrtwind entspricht der Geschwindigkeit.

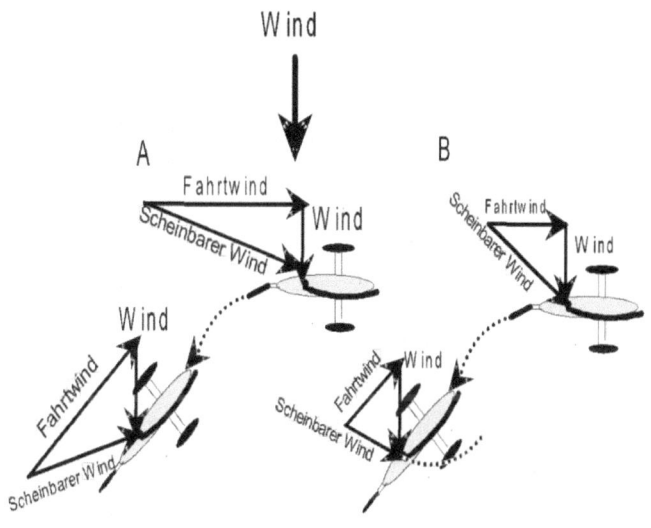

Nur mit einem solchen Geschwindigkeits- potential, also ausreichendem Fahrtwind, kann man auf den Vorwindkurs gehen. Dies wird deutlich wenn man die beiden folgenden Varianten vergleicht.

Die Variante A mit hoher Geschwindigkeit und damit ausreichendem Fahrtwind vor dem Abfallen, macht deutlich, dass das Segel im richtigen Winkel angeströmt wird. Ein optimaler Vortrieb ist auch für den Vorwindkurs gesichert.

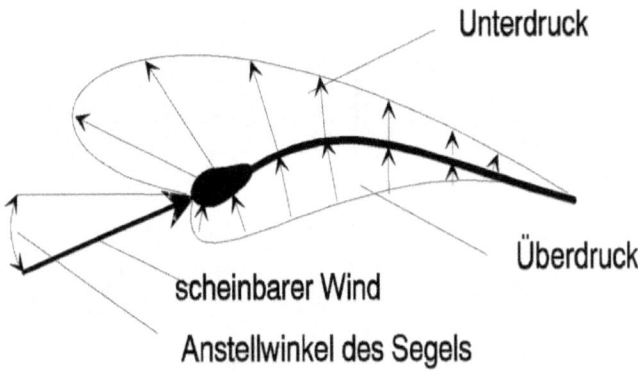

Die Variante B mit zu geringer Fahrt zeigt, durch den zu raum einfallenden scheinbaren Wind, ein Abreißen der Strömung auf der Leeseite des Segels.

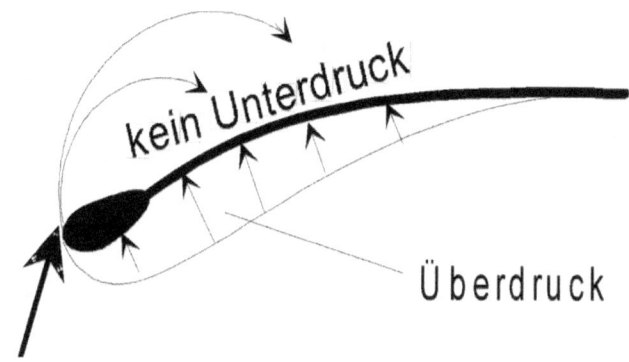

Bei genügend Wind kann durch Öffnen des Segels die Strömung wieder angelegt werden.

Reicht das für eine Geschwindigkeitssteigerung nicht aus, muss wieder angeluvt werden.

Fährt man jedoch mit dieser, für den Vorwindkurs zu langsamen Geschwindigkeit weiter und fällt noch mehr ab, dann spürt man auf einmal keinen Wind mehr.

Die Geschwindigkeit des Segelwagens entspricht der des wahren Windes. Das Segel lässt sich in dieser Phase problemlos von der einen zur anderen Seite legen.

Nach weiterem Geschwindigkeitsverlust, der auf diesem Kurs zwangsläufig ist, wird der scheinbare Wind im Nacken spürbar.

Nun steht nur noch der Staudruck als Vortrieb zur Verfügung.

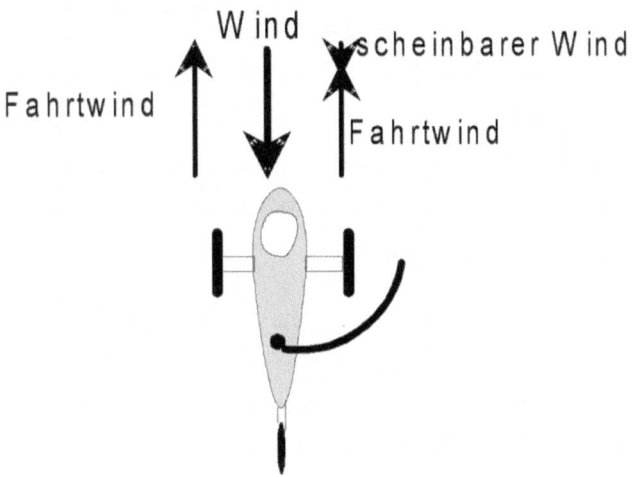

Ist der Wind kräftig genug, kann man sich, ähnlich wie beim Wassersegeln, vorm Wind schieben lassen.

Bei weniger Wind oder weichem Sand wird man jedoch ausrollen, da die Vortriebskraft, ohne den Unterdruckanteil nicht mehr ausreicht.

Achtung, rollt man eine Zeitlang bei stärkerem Wind so dahin, kann man schnell vergessen, wie stark der Wind wirklich ist. Bei einer Kursänderung in Richtung Halbwind oder höher wird sich der Wind urplötzlich wieder bemerkbar machen und den Wagen beschleunigen.

Es kann jedoch auch das Segel plötzlich auf die andere Seite geschlagen werden, da eine minimale Kursänderung vorher nicht spürbar war.

Die richtige Art einen Vorwindkurs abzusegeln, ist der Kurs zwischen 45° und 60° vor dem Wind. Auch bei diesem Kurs ist der optimale Kurs wieder eine Schlangenlinie, wobei man mit Fahrtüberschuss in die Tiefe fährt und sowie die Geschwindigkeit nachlässt sofort wieder anluvt und wieder beschleunigt.

Also entgegengesetzt dem Amwindkurs. Diese Art des Segelns ist besonders schwer und bedarf sehr viel Übung.

Bei Wettfahrten kann man immer wieder beobachten wie sich auf diesem Kurs die Spreu vom Weizen trennt, denn die Geschwindigkeits-unterschiede auf diesem Kurs sind sehr groß.

Auf dem Vorwindkurs nennt man diese Kursänderung Halse. Sie fühlt sich allerdings beim Strandsegeln wie eine Wende an.

Halse

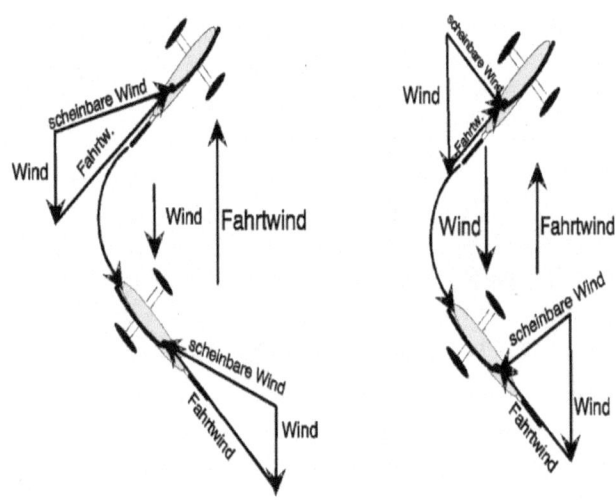

Eine optimale Halse mit einer Landyacht muss so gefahren werden, dass der scheinbare Wind auch im Augenblick des Bugwechsels von vorn kommt, wie bei einer Wende, obwohl der wahre Wind aus der entgegengesetzten Richtung kommt.

Dies hört sich paradox an, ist es aber nicht. Wie das möglich ist zeigt das Vektordiagramm der Halse.

Die linke Halse ist bezüglich der Geschwindig-
keit optimal gefahren. Das Segel wird bei der
Kursänderung mit leichtem Killen auf die andere
Seite wechseln.

Diese Halse fährt sich wie eine Wende, da
während des Manövers der scheinbare Wind
von vorne kommt.

Bei der Halse in der rechten Abbildung ist die
Geschwindigkeit für dieses Manöver zu langsam.
Der wahre Wind ist größer als der scheinbare
Wind. Das Segel wird wie beim Wassersegeln
umgeschlagen. Das bedeutet die Anströmung
des Segels erfolgt von hinten.

Da die Geschwindigkeit langsam ist, stellt dies
nicht unbedingt eine kritische Situation dar.

Für alle Manöver beim Strandsegeln ist die
Geschwindigkeit wichtig.

Maximal mögliche Geschwindigkeiten

Hier zur Übersicht der maximalen Geschwindigkeiten auf den möglichen Kursen.

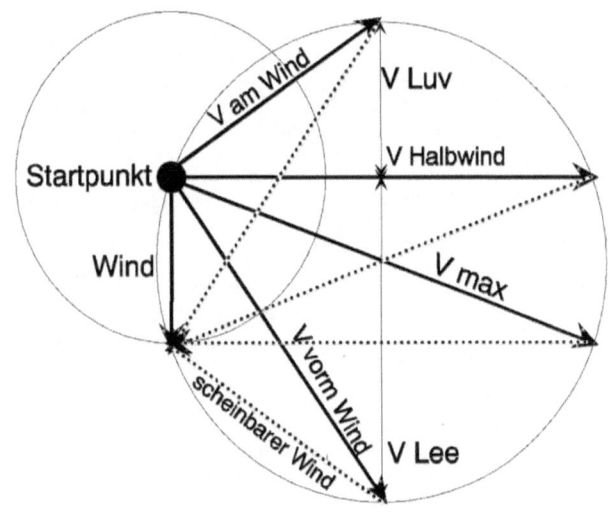

Die Länge der einzelnen Geschwindigkeitsvektoren ins Verhältnis gesetzt gibt uns ein Maß für die verschiedenen erreichbaren Geschwindigkeiten an.
Nimmt man den wahren Wind mit einer Windstärke 4 nach der Beaufortskala an,

entspricht das einer Windgeschwindigkeit von 24 km/h, dann ergibt sich für den Amwindkurs eine Geschwindigkeit von ca. 40 km/h.

Für den Halbwindkurs kann man dem Vektordiagramm eine Geschwindigkeit von ca. 60 km/h und eine maximale Geschwindigkeit von ca. 70 km/h entnehmen.

Die Geschwindigkeit mit dem größten Weg nach Lee liegt bei 60 km/h. Was kann man mit diesen theoretisch ermittelten Geschwindigkeiten für die verschiedenen Kursen anfangen?

Diese Erkenntnisse sind nicht nur für das optimale Wettsegeln eine große Hilfe, da beim Strandsegeln ein Kompass für das Segeln einer optimalen Kreuz nicht helfen kann, sondern auch für den Anfänger, der nun weiß bei welchen Windstärken er sich das Strandsegeln noch zutraut.

Verwendet man stattdessen an seinem Segelwagen einen Fahrradtachometer, dessen Impulsgeber am Vorderrad befestigt ist, hat man eine gute Orientierungshilfe. Eine GPS Uhr ist ebenfalls sehr hilfreich.

Segelt man am Wind und hat die angenommenen 4 Windstärken, dann sollte bei dichtgeholtem Segel auch eine Geschwindigkeit möglichst nahe an 40 km/h erreicht werden. Auf keinen Fall sollte eine Geschwindigkeit von

30 km/h unterschritten werden. Es ist sonst sicher, dass einige Mitsegler locker unter einem durchfahren.

Auf dem Halbwindkurs ist die theoretische Geschwindigkeit für eine Wettfahrt nicht so sehr von Bedeutung.

Hier zählt mehr der direkte Vergleich, da man hier kaum einen anderen Kurs wählen kann.

Die einzige Möglichkeit etwas schneller zu sein ist es, jede Böe in Höhe umzusetzen und danach sofort wieder etwas abfallen, um die Geschwindigkeit zu steigern

Von Bedeutung hingegen ist die Geschwindig-keitsmessung für den Vorwindkurs. Auf diesem Kurs ist der optimale Weg nach Lee schwer zu finden, verursacht durch den erheblich geringeren scheinbaren Wind. Das ist der Wind den man spürt. Auch hier sollte man versuchen der theoretischen Geschwindigkeit möglichst nahe zu kommen, bei guter Tiefe vor dem Wind.

Segelt man zu tief wird man zu langsam, segelt man zu hoch wird man zwar schneller aber der Weg ist zu weit.

Speziell die letzten Ausführungen waren eigentlich schon Erkenntnisse für den Regatta-segler Es ist schwierig, diese Segeltechniken der Praxis effektiv umzusetzen und bedarf viel Übung.

Kritische Situationen - Vorfahrtsregeln

Das Strandsegeln mit den Manöver wie Wende und Halse ist bei leichten bis mittleren Windstärken nach einiger Übung gut zu beherrschen. Nimmt der Wind jedoch zu, kann es zu recht heiklen Situationen kommen, da der Strandsegler keine wirksame Bremse hat. Besonders dann, wenn der Platz, auf dem die erforderlichen Manöver zu fahren sind, zu eng wird.

Hat der Strandsegler erst einmal seine Geschwindigkeit erreicht, ist es gar nicht so leicht wieder zum Stehen zu kommen.

Segelt man mit hoher Geschwindigkeit einen Halbwindkurs auf einem schmalen Strandabschnitt und beabsichtigt zurück zu segeln, kann es kritisch werden.

Bei leichtem Wind ist dieses Manöver ohne Probleme sowohl mit einer Halse, wie auch mit einer Wende zu beherrschen.

Ist der Wind jedoch stark, Windstärke 5 Bft. entspricht etwa 33 km/h Windgeschwindigkeit, muss für eine Wende jedoch die Geschwindigkeit reduziert werden, da die Wende aus dem Halbwindkurs bei hoher Geschwindigkeit einen großen Bogen benötigt.

Dieser Bogen wird dann besonders groß, wenn der Pilot in Panik gerät und dadurch eventuell Fehler macht.

Beim Anluven beginnt, durch den spitzer einfallenden Wind, das Segel zu flattern und das Vorderrad wird nach Lee gedrückt. Es ist dann sehr schwer, den Segelwagen durch den Wind zu steuern.

Gelingt es doch noch, wird es ein weiter Bogen werden, der möglicherweise im Wasser endet.

Ich selbst war Augenzeuge eines solchen Manövers, das nicht so harmlos im Wasser sondern in einer Uferbefestigung mit der völligen Zerstörung des Segelwagens endete.

Versucht man nun die Geschwindigkeit durch loslassen des Segels zu reduzieren, wird das losgelassene Segel flattern beziehungsweise hin- und herschlagen. Der Wagen beziehungsweise das Vorderrad wird durch das schlagende Segel nach Lee weggedrückt.

Durch den extremen Einsatz der Kratzbremse kann man diesen Vorgang verkürzen. Reicht dies nicht um das Schlagen des Segels zu verhindern und es ist noch genügend Raum nach vorn holt man das Segel schnell wieder dicht.

Nun kann man wieder steuern und man luvt an, wobei man mit Einsatz der Bremse die

Geschwindigkeit verringert wird, um dann die Wende einzuleiten.

Aus der Beschreibung der Situation erkennen wir also, dass eine Wende nur mit dicht gehaltenem Segel bei viel Wind möglich ist.

Nach der Wende wird man auf den Halbwindkurs zurückgehen müssen, um nicht ins Wasser zu fahren. Hierbei muss das Segel sofort geöffnet werden, da der Segelwagen sonst unkontrolliert steigt.

Das Segel wird nun nicht mehr so stark schlagen, da die Geschwindigkeit nicht mehr so hoch ist.

Ist der Wagen bei dem ersten Öffnen des Segels aber schon zu weit nach Lee gedrückt worden, muss ein Notmanöver gefahren werden.

Dieses Manöver ist eine extreme Halse.

Diese Halse sollte radikal gefahren werden.

Das Segel wird bei dieser Halse problemlos durch den Wind gehen. Im Augenblick, wenn das Segel auf die andere Seite wechselt, lässt man es los.

Nach der Halse wird der Segelwagen extrem übersteuern, verursacht durch den Segeldruck. Der Segelwagen kreiselt. Dieser Effekt dreht den Segelwagen mit der Nase bis in den Wind oder sogar weiter.

Die gesamte Bewegungsenergie wird durch diesen Dreher aufgebracht. Dieses Manöver sollte man an Tagen mit kräftigem Wind auf einer freien Fläche üben. Es ist die einzige Gelegenheit den Segelwagen schnell zu stoppen, denn die Kratzbremse hat einen für kritische Situationen zu großen Bremsweg. Ich selbst habe mich mit diesem Manöver schon aus unangenehmen Situationen retten können. Die Voraussetzung ein solches Manöver auch wirklich anzuwenden ist viel Übung.

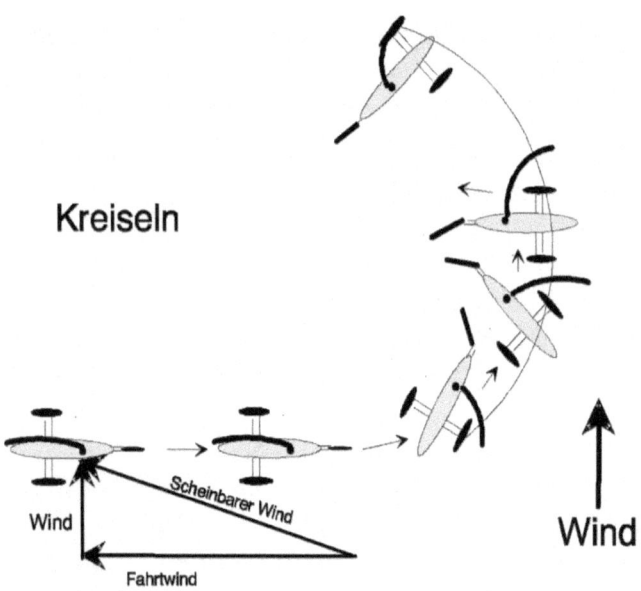

Kreiseln

Wer denkt schon in einer Situation daran, in der plötzlich ein Hindernis auftaucht, dem man nicht ausweichen kann, dass nur eine extreme Halse mit Herumschleudern die Lösung für dieses Problem ist.

Ohne dass man dieses Manöver wirklich konsequent geübt hat, wird dies keiner tun.

Es sollte aber immer daran gedacht werden, dass an einem Segelwagen keine wirksame Bremse zur Verfügung steht, wie bei einem Auto und wie notwendig dieses Notmanöver ist.

Als wichtigste Grundregel sollte daher gelten, weit vorausschauend denken und alle Manöver frühzeitig mit Bedacht und mit ausreichend Raum ausführen.

Eine weitere wichtige Grundregel heißt immer auf die Mitsegler achten und ausreichend Platz lassen.

Kein Manöver in der Nähe der Anderen fahren, außer einem notwendigen Ausweichmanöver.

Ausweichregeln

Begegnet man sich auf dem Halbwindkurs gilt
grundsätzlich immer nach rechts ausweichen
(siehe Abbildung).

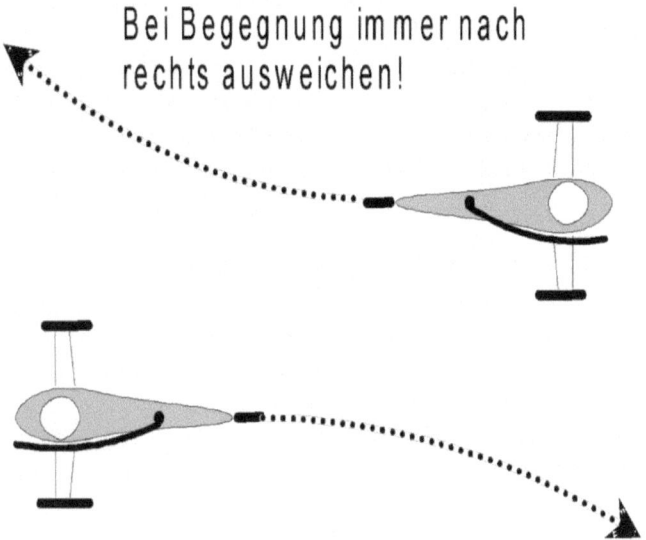

Bei Begegnung immer nach
rechts ausweichen!

**Beim Strandsegeln immer nach rechts
ausweichen und rechts aneinander
vorbeifahren.**
Es ist gleichgültig aus welcher Richtung der
Wind kommt.

Es ist eine Unsitte von einigen Regattaseglern bei Wettfahrten, um in Luv zu bleiben, diese Regel immer wieder zu missachten. Speziell die Engländer haben bei dieser Regelung ihre Probleme, was vielleicht auf den Linksverkehr beim Autofahren zurückzuführen ist.

Am Wind

Kreuzen sich die Wege gilt die folgende Regel.

Es gilt, wer von rechts kommt hat Vorfahrt!

Derjenige, der Vorfahrt hat, ist aber auch verpflichtet seinen Kurs zu halten, damit der Ausweichpflichtige auch ausweichen kann. Führt der Vorfahrtsberechtigte trotzdem ein Manöver aus, verliert er sein Vorfahrtsrecht und trägt an einem eventuellen Unfall die Schuld.

Ist auf dem Halbwindkurs das Ausweichen eindeutig, gibt es auf dem Amwindkurs zwei mögliche zu beobachtende Manöver.

Das erste Ausweichmanöver ist in der folgenden Skizze dargestellt.

Dies ist die korrekte Weise das Ausweich-manöver durchzuführen, da der Ausweich-pflichtige nach rechts ausweicht. Bei dieser Kursänderung durch Abfallen nach rechts nimmt die Geschwindigkeit noch zu, sodass durch das Ausweichmanöver kaum ein Nachteil entsteht.

Dieses Manöver, nach rechts ausgeführt, ist eindeutig.

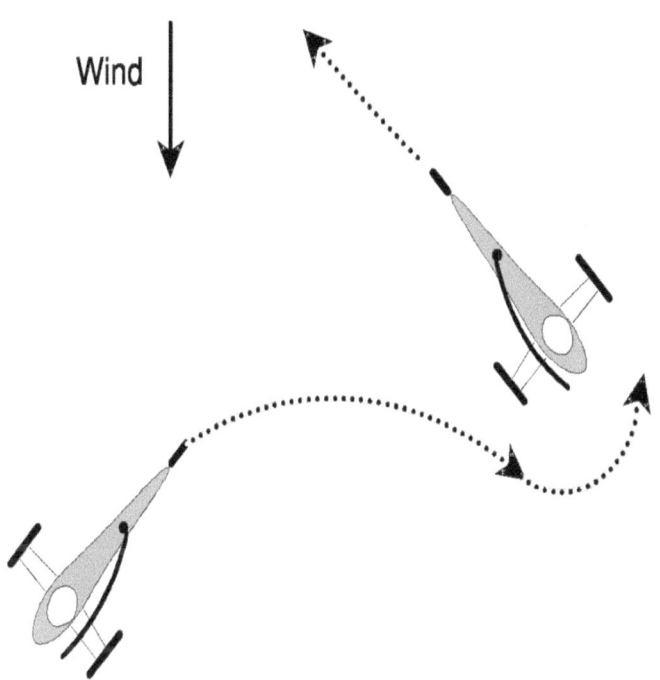

Wind

Das zweite mögliche Ausweichmanöver mit einer Wende ist in der folgenden Skizze dargestellt.

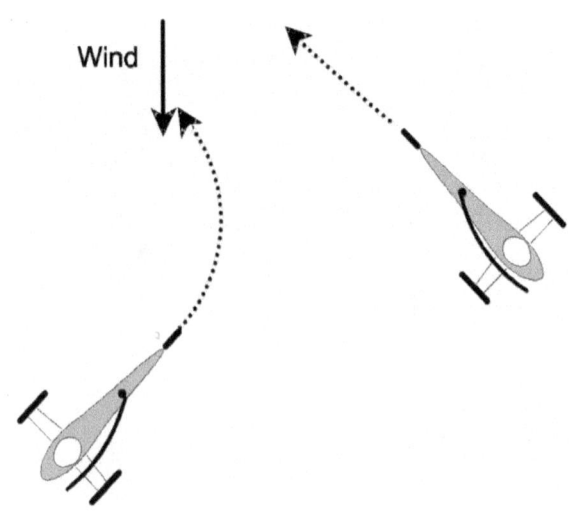

Wie ich bei Wettfahrten häufig feststellen musste, ist dieses Manöver sehr beliebt, obwohl es viele Nachteile mit sich bringt.

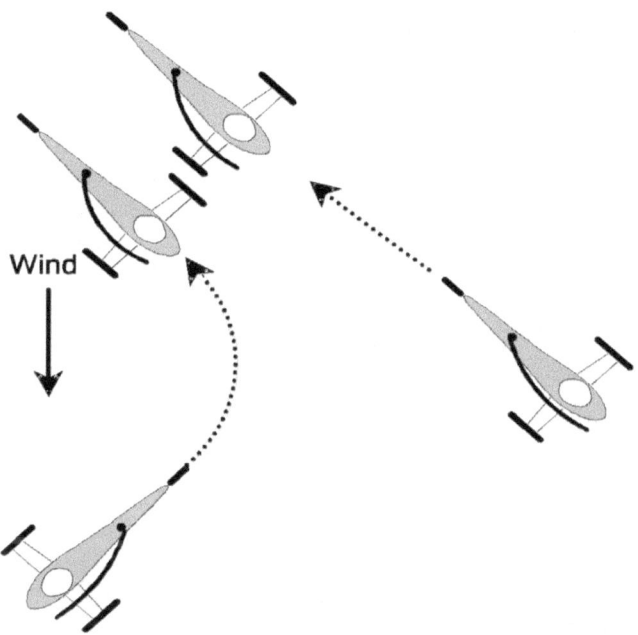

Wind

Es wird wohl deshalb so häufig gefahren, weil der Ausweichpflichtige sich zu spät entscheidet und dann zum Abfallen keine Zeit mehr ist. Bei diesem Manöver muss man sich aber darüber klar sein, dass bei einer eventuellen Berührung die Schuldfrage klar ist.

Häufig wird nach dem Manöver des Ausweich-pflichtigen sogar geluvt. Das übernehmen einige Segler wohl vom Wassersegeln. Dies ist natürlich nicht erlaubt, denn der Vorfahrtsberechtigte kommt immer noch von rechts.

Betrachten wir dieses Ausweichmanöver bis zum Ende, dann wird der Nachteil dieses Manövers deutlich.

Ist die Wende beendet, auch wenn diese optimal gefahren wurde, ist ein Geschwindigkeitsverlust immer das Ergebnis.

Der Vorfahrtsberechtigte befindet sich dann über einem und man ist im Abwind.

Ob man nun einfach nur so segelt oder eine Wettfahrt fährt, kann ich nur das erste Manöver empfehlen. Also mit dem nach rechts Abfallen und hinter dem Vorfahrtsberechtigten durch zu segeln. Denn beim nächsten Schlag kommt man ja selbst von rechts und hat dann die Vorfahrt.

Über dem Vorfahrtsberechtigten sollte man nur durchfahren wenn der Abstand groß genug ist.

Die Möglichkeit einer Winddrehung, die ein Abfallen erforderlich macht, sollte hierbei immer berücksichtigt werden.

Vorfahrtsregeln auf dem Vorwindkurs

Auf dem Vorwindkurs wird das sich Begegnen wie folgt geregelt. **Es gilt wieder rechts vor links! Die erste und korrekte Art des Ausweichens.**

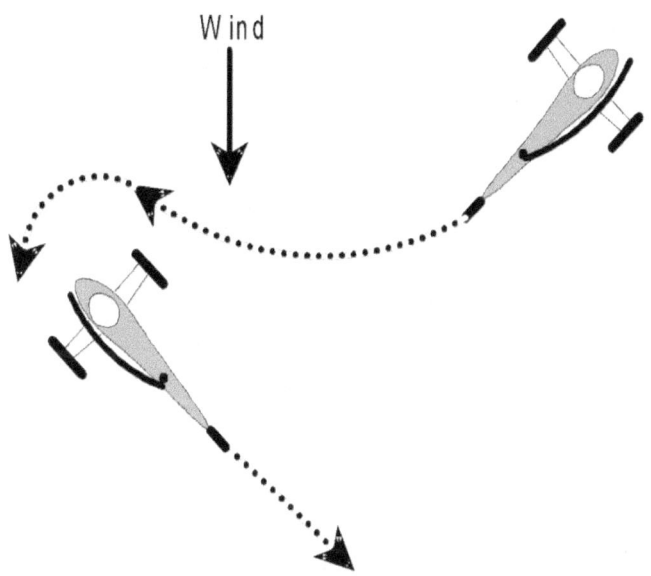

Als zweites ist das Ausweichmanöver mit einer Halse nicht zu empfehlen. Dieses Ausweichmanöver ist kein besonders sportlicher Akt, da man sich über den

Vorfahrtsberechtigten legt und ihm den Wind wegnimmt.

Der Vorfahrtsberechtigte wird außerdem noch behindert zu luven um Schwung zu holen.

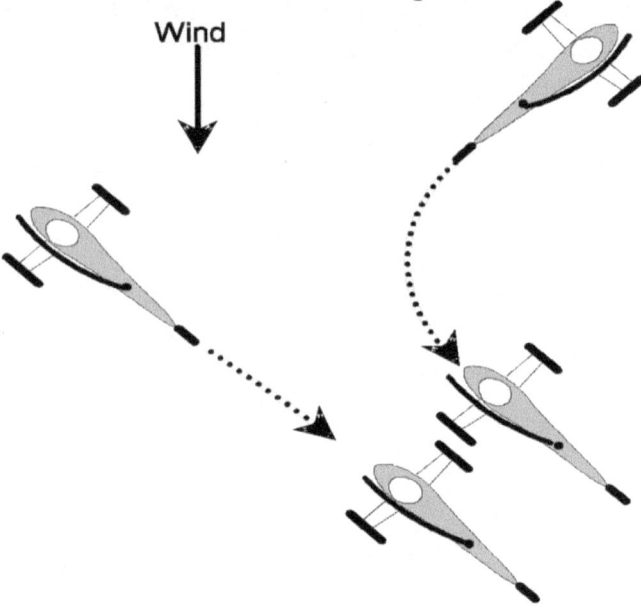

Dieses Manöver birgt zudem noch erhebliche Gefahren, denn wird die Halse nicht einwandfrei gefahren ist eine Berührung vorprogrammiert.

Der Schuldige ist in diesem Fall dann eindeutig. Da der Ausweichpflichtige ja auch noch ein Manöver fährt und ein Manöver nur ohne Behinderung von Mitseglern gefahren werden darf.

Das Überholen

Die Regeln bei Überholvorgängen ist so festgelegt, dass der Überholende sich freihalten muss. Freihalten bedeutet; Bei dem Überholvorgang darf der Überholende den zu Überholenden nicht behindern.
Empfohlen wird bei diesem Manöver das Überholen in Luv durchzuführen. um diesen Vorgang so kurz wie möglich zu gestalten. Dies kann im weitesten Sinne eine Behinderung darstellen
Das Überholen in Lee ist jedoch auch erlaubt.

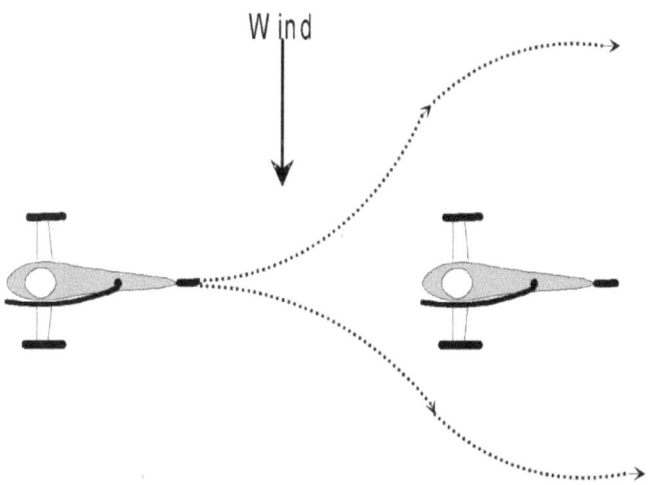

Wind

Dass derjenige, der überholt wird, sich sportlich verhält und keine extremen Manöver fährt, ist hoffentlich klar. Auch hier ist wieder häufig zu beobachten, wenn man in Luv überholen will, dass vom zu Überholenden extrem geluvt wird. Will der Überholende dann in Lee vorbei, wird der zu Überholende eventuell abfallen. Dieses Verhalten wird damit begründet, dass der Überholende sich freihalten muss. Die Beweislage ist hier immer recht schwierig. Der zu Überholende hat auch hier als "Vorfahrtsberechtigter" eine Kurshaltepflicht. Es kann dem Überholer in einer solchen Situation nur geraten werden, den seitlichen Abstand beim Überholen groß genug zu halten. Es ist jedoch immer wieder zu beobachten, dass zu dicht am Mitsegler vorbeigefahren wird.

Der überholende Segler kommt von hinten und hat den zu Überholenden gut vor sich im Blickfeld. Der Segler, der überholt wird, sieht den überholenden Segler erst wenn dieser auf gleicher Höhe ist. Es ist daher auch nicht besonders klug zu dicht vorbei zu fahren, da bei einem plötzlichen Ausweichmanöver des zu Überholenden keine Zeit mehr bleibt um zu reagieren.

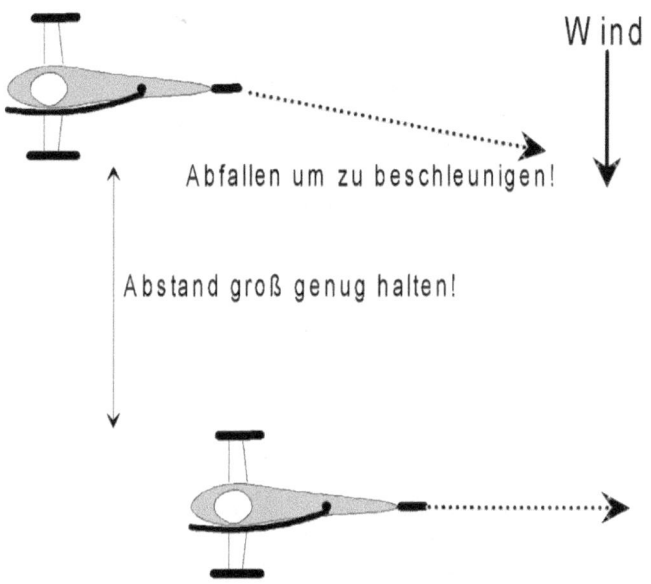

Wind

Abfallen um zu beschleunigen!

Abstand groß genug halten!

Man sollte sich also immer an die Grundregel halten und dem Mitsegler ausreichend Raum lassen. Gegenseitige Rücksichtnahme sollte das oberste Gebot sein, denn bei den Geschwindigkeiten, die beim Strandsegeln gefahren werden, sind schwere Verletzungen nicht auszuschließen.

Der Start für Regattasegler

Für das Wettsegeln gelten die gleichen Vorfahrtsregeln beziehungsweise Ausweichregeln, die beim normalen Strandsegeln angewendet werden. Da es jedoch bei einer Wettfahrt einen Start, ein Ziel und Bahnmarken gibt, die den Kurs vorgeben, ist es notwendig diese Sonderfälle auch durch besondere Regeln zu erfassen.

Beginnen wir also mit dem Start, bei dem sich eine besondere Startprozedur entwickelt hat. Dieses Startsystem hat verglichen mit anderen Wettfahrtsportarten nichts Vergleichbares.

Die Zuordnung der Startplätze erfolgt durch Ziehen einer Startnummer.

Eine Regatta beim Strandsegeln auf nationaler Ebene besteht üblicherweise aus sechs Rennen, wobei eine solche Veranstaltung an zwei Tagen durchgeführt wird. Normalerweise werden bis zu vier Rennen am ersten Tag durchgeführt und am folgenden Tag die restlichen zwei Rennen, wenn dies der Wind so zulässt.

Bei Europameisterschaften ist eine Anzahl von bis zu zehn Läufen über einen Zeitraum von einer Woche vorgesehen. Nach der Anzahl der erfolgten Rennen können bis zu zwei Rennen gestrichen werden.

Der Startplatz für das erste Rennen ist die gezogene Startnummer.

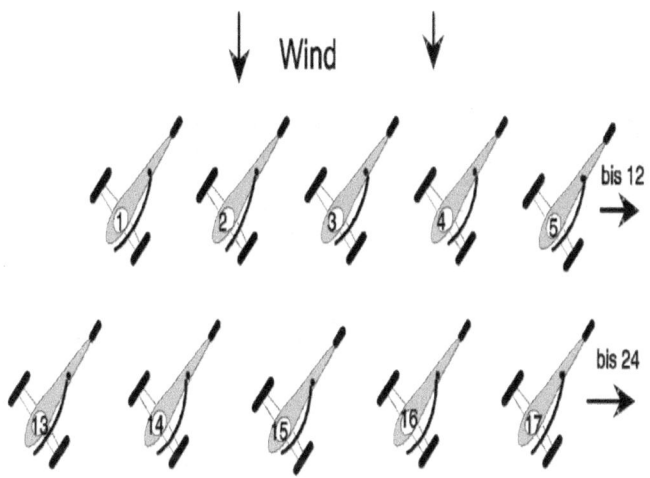

Die weiteren Startplätze werden durch ein Zahlensystem bestimmt, benannt nach dem Mathematiker Morell .

Dieses Zahlensystem berücksichtigt die Anzahl der Teilnehmer und versucht durch die Zuordnung der verschiedenen Startplätze auch Chancengleichheit zu gewähren.

1	15	7	12	4	18
2	14	8	11	5	17
3	13	9	19	6	16

Der Start erfolgt dann in mehreren Reihen, der Anzahl der Teilnehmer entsprechend. Die Startreihen sollten diagonal gegen den Wind ausgelegt werden, wobei der Startplatz eins am günstigsten liegen sollte.

In jeder Reihe stellen sich zwölf Wettfahrtteilnehmer entsprechend ihrer Startnummer auf.

Die Startnummer eins sollte für alle Rennen der günstigste Startplatz sein, damit das Morellsystem bezüglich der Chancengleichheit auch funktioniert.

Für die folgenden Startplätze gilt die Nummer aus dem Zahlensystem.

Werden mehr als sechs Rennen gefahren, beginnt man wieder mit der gezogenen Nummer oder lost neu aus.

Die Vorfahrtsregel bei dem Start und bis zum ersten Manöver richten sich nach den Startnummern. Das bedeutet, dass die

niedrigere Nummer Vorfahrt hat. Der Start-schlag ist der erste Kurs nach dem Start ohne Manöver wie Wende oder Halse.
Die niedrige Startnummer hat die Vorfahrt. Der Segler mit der höheren Startnummer hat dies zu beachten.
Diese Regel ist schon bei der Startaufstellung zu berücksichtigen.

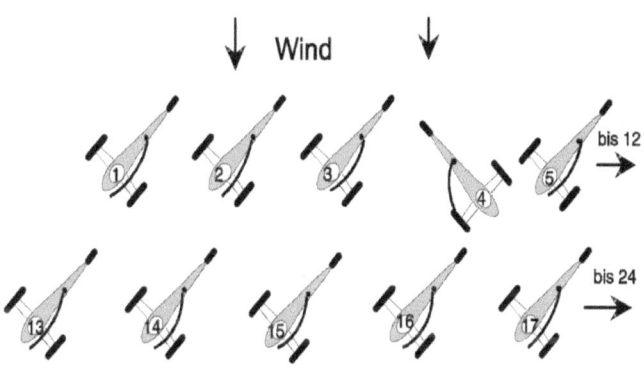

Will also beim Start die Nummer eins, mit dem Segel auf Steuerbord nach rechts starten, muss dies die Nummer zwei auch tun. Es sei denn der Segler wartet bis die Nummer eins gestartet ist und startet dann mit dem Segel zur anderen Seite hinter der Nummer eins durch ohne diese zu behindern.

Hierbei ist allerdings zu beachten, dass nicht nur eine Reihe startet, sondern es können drei oder sogar vier Reihen sein.

Betrachtet man nun die Startnummern drei und vier (s. Abb.) sollte man bedenken, dass auf das Startkommando alle Teilnehmer ihren Segelwagen anschieben. Ein solcher Start auf entgegengesetztem Bug wird wohl kaum ohne Probleme durchzuführen sein, denn absichtliche Behinderung sollten auch vermieden werden.

Hat man jedoch einen außenliegenden Start-platz, dann bietet sich diese Möglichkeit an (Nr.13 in .nachstehender Abb.).

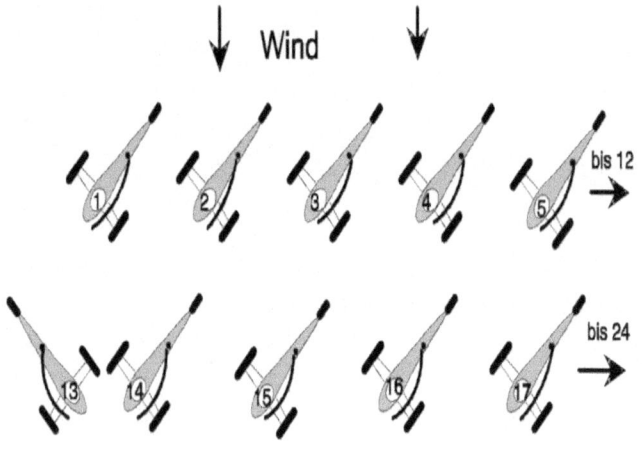

Der Vorteil eines solchen Starts ist offensichtlich, hat man doch nach einigen Schritten schon freien Wind.

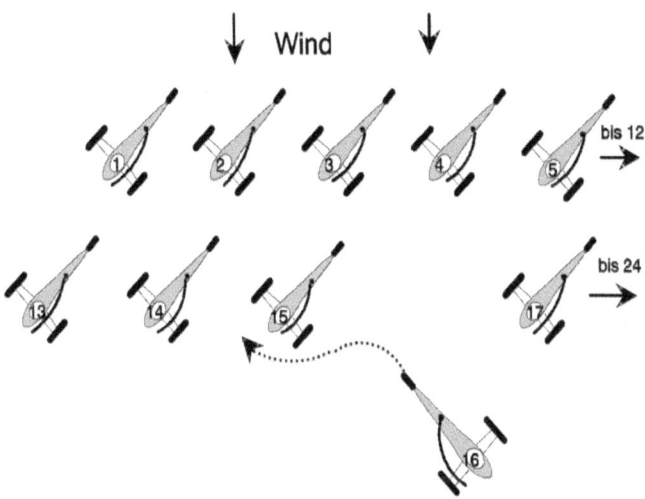

Eine weitere Ausnahme für einen Start auf entgegengesetztem Bug bietet die letzte Reihe. Hier kommt hinter einem niemand mehr (Nr.16 in der oberen Abbildung), sodass man sogar seinen Segelwagen etwas zurückziehen kann und hinter den anderen Seglern gut freikommt.
Nach dem ersten Manöver auf der Startkreuz gilt dann die Vorfahrtsregel rechts vor links, wie auch in den Grundregeln beschrieben.

Start der Mini Yacht 5,6

Abweichend von den anderen Standsegelklassen wird bei den Mini Yachten fliegend gestartet. Wassersegler kennen diese Startprozedur. Allerdings wird durch ein Starttor(markiert durch zwei Pylonen oder Fahnen) gestartet, denn man will ja fliegend starten und nicht auf der Startlinie stehend, wie beim Wassersegeln, wo einige Segler mit killendem Segel kurz vor der Startlinie stehen und warten.

Diese Startvariante wird durch die kleine Bauweise der Mini Yachten erst möglich. Bei den großen Segelwagenklassen wäre der Platzbedarf zu groß.

Die genaue Prozedur wird im Briefing besprochen, das vor dem Rennen stattfindet.

Bei diesem Start kommt es also auf ein gutes Timing und eine perfekte Startgeschwindigkeit an. Somit werden die Segler nicht benachteiligt, die nicht mehr so schnell anschieben können,.

Im Internet wird diese Vorgehensweise sehr schön beschrieben.

Die Wendemarke

Das Ende der Startkreuz oder des ersten Halbwindkurses wird durch eine Wendemarke begrenzt. Die Wendemarke ist wie folgt aufgebaut. In der folgenden Abbildung ist eine solche Ausflaggung dargestellt. Vor der eigentlichen Wendemarke sind Fahnenreihen ausgesteckt.

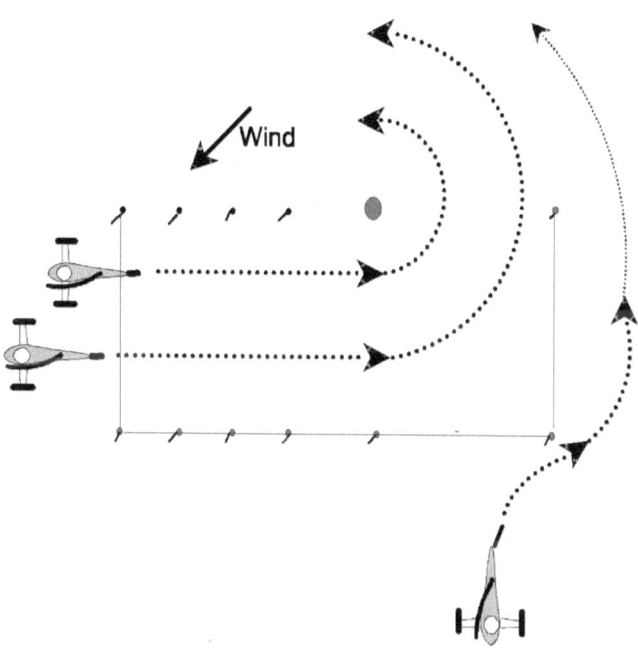

Diese Fahnen begrenzen die sogenannte orangene Zone. Der Segler, der zuerst in diese Zone einfährt, hat Vorfahrt. Es gilt das Erreichen mit dem Vorderrad.

Das Überholen darf nur außen herum erfolgen und ohne Behinderung.

Ein Einfahren in die O-Zone von der Seite oder von oben ist nur ohne Behinderung der Segler zulässig, die korrekt in die O-Zone eingefahren sind. Ist dies nicht möglich muss die Wendemarke außerhalb der O-Zone gerundet werden. Die in der Abbildung dargestellte Situation stellt den einfacheren Fall dar.

Ist aber der äußere Segelwagen zuerst in der O-Zone hat dieser Pilot die Vorfahrt und der andere Segler muss sich einreihen. In der folgenden Abbildung ist diese Situation dargestellt. Da an einem Segelwagen nur eine Kratzbremse zur Verfügung steht, kann man unschwer die ernsten Schwierigkeiten erkennen, in die sich ein Pilot begibt, der kurz vor der Wendemarke noch innen überholen will.

Es ist natürlich für einen auflaufenden Segler (Nr. 2) immer verlockend, da ein besonnener Segler (Nr. 1) seine Fahrt vor der Wendemarke verzögern wird, um das Manöver um die Wende-marke kontrolliert zu fahren (s.nachfolgende Abb.).

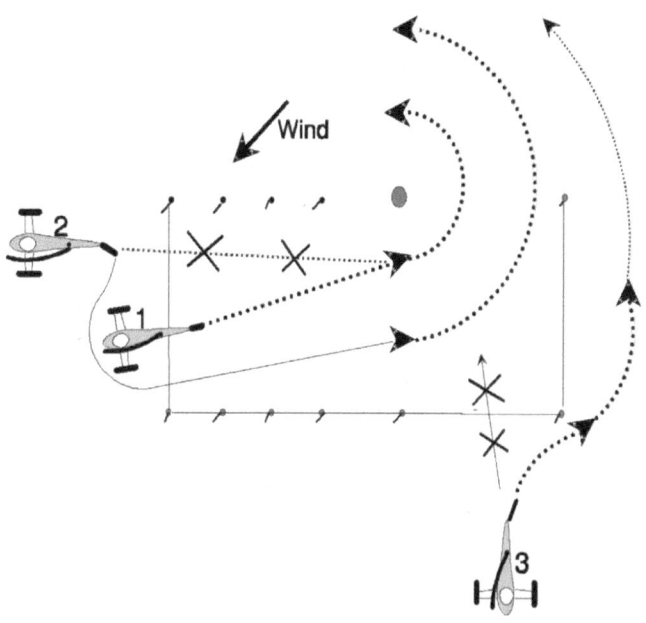

Dies ist dann für einige Segler, die mit dem Regelwerk nicht vertraut sind, immer das Kommando den Konkurrenten in Luv und innen zu überholen. Falls der Vorfahrtsberechtigte dann auch noch nachgibt, um eine Berührung zu vermeiden, kann es zu chaotischen Situationen kommen. Der innen Überholende ist zu schnell, wird nach außen getragen und drückt den eigentlich Vorfahrtberechtigten ebenfalls nach außen und möglicherweise in weitere Mitsegler hinein.

Es ist also angeraten vor einer Wendemarke nur zu überholen, wenn man den Überholvorgang vor der O-Zone beenden kann.

Das seitliche Einfahren eines Seglers (durchgekreuzter Kurs des Seglers 3) ist eine beliebte Variante, mit dem Glauben er komme ja von rechts.

Dieses Einfahren in die O-Zone ist jedoch nur erlaubt wenn kein anderer Segler behindert wird, der korrekt in die O-Zone eingefahren ist,.

Falls man auf Grund von weichem Sand oder zu wenig Wind den Segelwagen vor der O-Zone anschieben muss, gelten selbstverständlich die gleichen Vorfahrtsregeln.

Ein häufig beobachtetes Manöver ist das seitliche Einschieben in die O-Zone, direkt auf die Wendemarke zu. Das mag ja ein verständliches Anliegen sein, zu Fuß den kürzesten Weg zu wählen, stellt aber eine fahrlässige Behinderung der korrekt um die Wendemarke segelnden Mitsegler und eine Gefährdung seiner eigenen Gesundheit dar.

Das Vorfahrtsrecht geht durch das Verlassen der O-Zone verloren.

Diese Regel wird häufig nicht beachtet.

Grundsätzlich sollte man sich so verhalten, dass man seine Mitsegler nicht behindert. Ein langsamer Segler kann durchaus eine Gefährdung darstellen, auch wenn es ihm nicht bewusst ist. Wenn dann noch unerwartete Manöver folgen, wird er für die Mitsegler zu einer Gefahr.

Ein Segler, der bemerkt, dass sein Segelwagen ausrollt, sollte nicht mehr in die O-Zone einfahren. Er handelt unsportlich, wenn er dann aber trotzdem in die O-Zone einfährt, um dann eventuell an der Wendemarke stehen zu bleiben. Er gefährdet damit nicht nur seine Mitsegler sondern auch sich selbst.

Ahndung von Regelverstößen

Grundsätzlich wird, bis auf wenige Ausnahmen bei einem Regelverstoß, ohne einen formellen Protest bei der Wettfahrtleitung, nichts geschehen.

Das bedeutet, wo kein Kläger ist auch kein Richter. Ein Wettfahrtteilnehmer, der sich durch einen anderen Wettfahrtteilnehmer behindert oder um seine Vorfahrt gebracht sieht, muss protestieren.

Der Protest muss schriftlich geschehen und zwar auf einem Protestformular, welches dann auch noch innerhalb einer vorher festgelegten Zeit bei der Rennleitung abgegeben werden muss.

Dieser Protest ist für den Einreichenden kostenpflichtig.

Bei einem gewonnenen Protest erhält man allerdings das Geld zurück.

Die Regularien für einen Protest sind bewusst so geregelt, dass möglichst niemand (ohne Grund) protestiert.

All dieses sollte einen nicht davon abhalten einen Protest bei entsprechenden Regelverstößen einzureichen. Zusätzlich sollte man sich einen Zeugen suchen, denn dieser ist notwendig, um einen Protest erfolgreich durchzuführen. Dies ist gerade für Neueinsteiger wichtig, denn wie überall im Leben gibt es auch hier eine Hackordnung und es ist wichtig sich gleich am Anfang den nötigen Respekt zu verschaffen. Dieser eingereichte Protest wird dann von einem unabhängigen Schiedsgericht verhandelt. Wie sich dieses Schiedsgericht zusammensetzt ist in den verschiedenen Satzungen festgelegt.

Nun zu den Ausnahmen, bei denen von außen in das Wettfahrtgeschehen eingegriffen wird.
Dies geschieht durch sogenannte Tonnenrichter, die Strafpunkte verteilen können.
Die eigentliche Aufgabe eines Tonnenrichters ist es das ordnungsgemäße Runden der Tonne zu registrieren. Neben dieser Aufgabe kann er jedoch noch Strafpunkte erteilen und zwar für regelwidriges Runden oder Umfahren von Fahnen, die der Tonnenmarkierung dienen.
Weitere Ausnahmen sind Eingriffe durch die Wettfahrtleitung oder der Vermesser ins Wettfahrtgeschehen, die beim Feststellen von Unregelmäßigkeiten am Segelwagen eine Disqualifikation zur Folge haben können.
Alle diese Maßnahmen dienen dazu einen möglichst fairen Wettfahrtablauf zu gewährleisten. Dies ist leider nicht immer zu

erreichen wie man bei der ersten Teilnahme an einer Wettfahrt feststellen wird.

Mein Rat ist daher sich möglichst aus direkten Auseinandersetzungen herauszuhalten und mit viel Übersicht die Manöver an der Wendemarke zu fahren. Mit einer überlegenen Wagengeschwindigkeit kann man etliche Meter auch mit weiten Bögen gutmachen, die andere Mitsegler im Kleinkrieg mit dem Gegner verlieren. Ich habe im Laufe der Zeit häufig feststellen können, dass Wettkampfteilnehmer, die keine Geschwindigkeit mit ihrem Segelwagen erreichten, die anderen Segler bewusst oder unbewusst behinderten. Diese Taktik mag zwar mal einige Plätze bringen, den richtigen Erfolg bringt es jedoch nicht. Wer auf den vorderen Plätzen fahren will muss neben den seglerischen Fähigkeiten immer einen Segelwagen haben, der auf keinen Fall langsamer ist als die Segelwagen der anderen Teilnehmer.

Für alle, die an einer Wettfahrt teilnehmen wollen, können sich die Fisly-allg-Regeln-Strandsegeln.pdf herunterladen.

Das Rigg

Das Segel mit dem Mast, das Rigg genannt, ist der Motor des Segelwagens und sorgt mit Hilfe des Windes für die Fortbewegung.

Die Auslegung des Segels und Mastes der verschiedenen Segelwagenklassen sind aufgrund der Anforderungen sehr unterschiedlich. So muss das Segel entsprechend der erreichbaren Geschwindigkeiten an die Materialfestigkeit angepasst werden, denn die Kräfte, die auf das Rigg einwirken sind das Ergebnis aus dem wahren Wind und dem Fahrtwind, welcher der Geschwindigkeit des Segelwagens entspricht.

Also je schneller ein Segelwagen in der Lage ist zu fahren, um so stärker muss das Rigg ausgelegt sein.

Wer einmal die Hand aus dem Autofenster bei 40 km/h beziehungsweise bei 120 km/h gehalten hat, kann sich vorstellen welche Kräfte auf ein Segel und den Masten einwirken, wenn der Segelwagen mit 100 km/h vom Wind getrieben am Strand entlang "jagt".

Der Manta hat ein recht einfaches Dreiecksegel mit wenig Profil und daher auch geringen Fahrleistungen.

In einer Einheitsklasse wie dem Manta,dem Blokart oder dem Standart ist kein Spielraum für spezielle Segel. Es ist bei einer Wettfahrt in diesen Klassen auch nicht von Bedeutung, da alle gezwungener Maßen das gleiche Material benutzen müssen. Diese Festlegung in Form einer Vermessungsvorschrift zu einem bestimmten Zeitpunkt lässt zwangsläufig auch die Fahrleistungen eines solchen Segelwagens auf diesem Niveau einfrieren.

Die Segel in diesen Einheitsklassen sind entsprechend dem Entwicklungszeitpunkt sehr unterschiedlich.

Hat der Manta ein sehr einfaches Segel, flossen beim Standart, verbunden durch das neuere Entstehungsdatum, viele Details ein, die dieser Yacht ein recht gutes Fahrleistungsniveau bescheren. Beim Standart wird mit Hilfe von profilierten Kunststofteilen die Masttasche zu einem Profil geformt.

Eine weiterführende Betrachtung von Segeln der Einheitsklassen lohnt sich nicht, da man ohnehin nichts am Segel ändern darf und nur in Versuchung kommt durch unerlaubte Mittel die Fahrleistungen zu steigern.

Das Trimmen der Segel stellt daher die einzige legale Möglichkeit dar, die Leistungsfähigkeit dieser Segel zu verändern.

Auf diesen Punkt wird im Anschluss an die grundsätzliche Betrachtung der Segelformen eingegangen, da das Trimmen für alle Klassen gleichermaßen gilt.

Die Klassen 5 und die Klasse Mini Yacht 5,6 sind eine echte Spielwiese für Bastler. Hier werden mit Hilfe hochwertigem Segelmaterials und profilierten Segellatten sehr gute Segel gefahren. In diesen Klassen gibt es ständig Weiterentwicklungen, denn nur die Größe der Segel und die Mastlänge ist in den Bauvorschriften festgelegt. Bei den Mini Yachten ist sogar die Größe des Segels frei wählbar. Durch diesen Spielraum sind die unterschiedlichsten Segel entstanden.

In diesen Klassen hat man also die Qual der Wahl.

Hier eine Beschreibung über unterschiedliche Fahrleistungen bei den verschiedenen Segelformen der Segel, um für sich das optimale Segel zu finden.

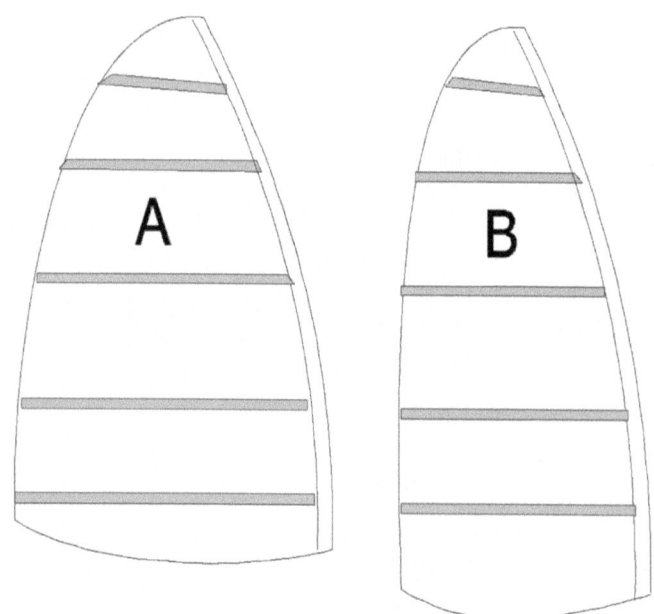

Die Masthöhe über dem Boden darf bei der Klasse 5 bis zu 5,50 m betragen. Die maximal zulässige Segelfläche von 5,5 qm darf nicht überschritten werden. Es ist auch noch die Masttasche in ihrer Größe vorgegeben.

Das Segel A ist ein Segel mit gutem Anfahrverhalten aber geringer Höchstgeschwindigkeit. Das Segel B ist ein Kompromiss zwischen dem Segel A und C. Es weist bei verringertem Anfahrmoment eine höhere Endgeschwindigkeit auf. Das Segel C ist ein Segel für hohe Geschwindigkeit bei geringem

Anfahrmoment. Eine besonders extreme Lösung stellt das Segel D dar.

Dieses Segel wird als Vektorsegel bezeichnet. Es hat durch die über den Masten hinausreichende Segelflächen ein noch schmaleres Segel, denn nur die Masthöhe ist laut Bauvorschrift festgelegt.

Für alle Segel ist natürlich eine der äußeren Abmessungen (Profillänge und Höhe) entsprechende Profilierung (Profiltiefe) erforderlich.

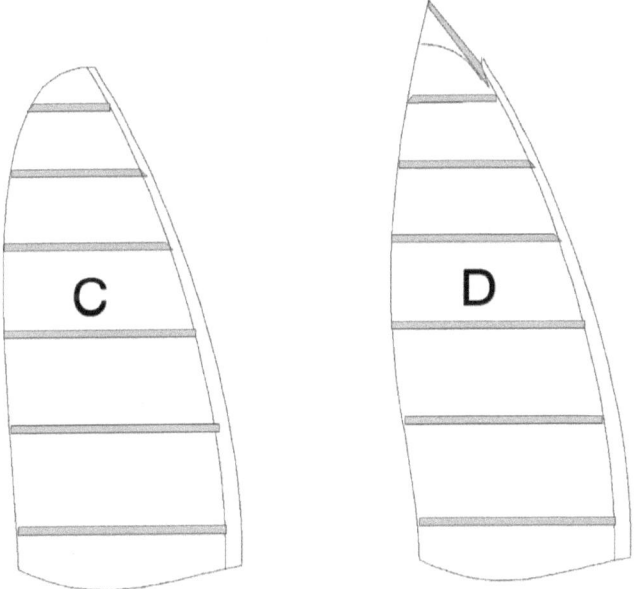

Die Tendenz zu immer höheren Segeln und schmaleren Profilen ist bei Segelflugzeugen auch zu beobachten. Hochgeschwindigkeitssegelwagen, die für Geschwindigkeitsrekorde konstruiert sind, haben dann auch ähnliche, starre Tragflügel als Segel. Solche starren Profile haben den Nachteil, dass sehr hohe Anströmgeschwindigkeiten erforderlich sind, um diesen Segelwagen zu bewegen. Das bedeutet, dass das Anfahrverhalten schlecht ist. Im Extremfall muss angeschleppt werden.

Eine Betrachtung solcher Sonderfälle verdeutlicht auch anschaulich die unterschiedlichen Segeleigenschaften der dargestellten Segel und es wird einem klar, dass jeder seinen persönlichen Kompromiss finden muss.

Diese verschiedenen Segelformen wird man bei Wettfahrten auch antreffen, denn ein Segler wird sich immer das Segel auswählen, mit dem er am besten zurechtkommt. So ist es für jemanden wichtig, der ein höheres Körpergewicht hat, den Wagen schnell auf Geschwindigkeit zu bekommen.

Dies ist aber nur mit einem Segel möglich, welches ein ausreichendes Anfahrmoment hat.

Ein Segler, der leicht ist, kommt mit einem schmalen für hohe Geschwindigkeiten ausgelegten Segel für die Beschleunigung gut zurecht. Problematisch wird ein solches Segel jedoch bei mehr Wind, da die wirksame Segelfläche sehr weit oben ist, also mit einem großen Hebelarm das Steigen des Segelwagens fördert. Dieses Steigen kann mit einem weicheren Masten auf Kosten der Höchstgeschwindigkeit gemildert werden.

Ebenso wie das Körpergewicht spielt bei einer Wettfahrt der Kurs eine wichtige Rolle. Bei einem langgezogenen Kurs mit wenig Manövern ist die Endgeschwindigkeit der wichtigste Faktor. Ist der Rennkurs mit vielen Manövern verbunden ist ein Segel mit guten Anfahreigenschaften von Vorteil.

Jeder Segler muss also den für ihn persönlich zutreffenden Kompromiss finden. Zum Erlernen des Strandsegelns ist ein Segel mit geringer Höhe und langem Profil am günstigsten.

Kombination aus Mast und Segel

Ebenso wie die Segelform hat die Härte des Mastens einen erheblichen Einfluss auf die Fahrleistungen und das Verhalten des Segelwagens.

Fährt man einen weichen Masten verhält sich der Segelwagen sehr komfortabel. Das heißt, er liegt bei böigem Wind sehr ruhig. Die Kippgefahr ist gering.

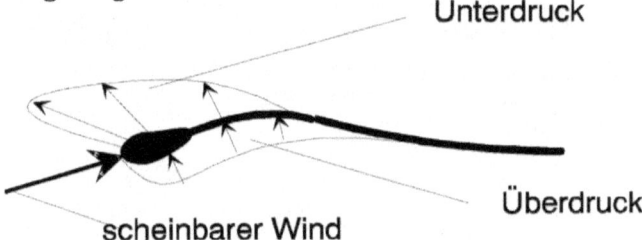

Voraussetzung für einen solchen Masten ist eine ausreichende Vorliekrundung des Segels. Das bedeutet, das Segel muss an der Vorderseite sehr gewölbt geschnitten sein, entsprechend der Mastbiegekurve. Ist diese Rundung nicht vorhanden, bildet sich im Segel ein S-Schlag aus und ein großer Teil des Segels wird unwirksam. Dies führt zu einer starken Verminderung des Vortriebs, da die Strömung in dem Bereich der Gegenwölbung des Segels abreißt.

Die Abstimmung des Mastens ist also für den Segelmacher sehr wichtig. Nur wenn Segel und Masten aufeinander abgestimmt sind wird der optimale Vortrieb erreicht.

Das serienmäßige Segel wird immer auf ein mittleres Körpergewicht abgestimmt.

Auf Anforderung wird vom Segelmacher eine Mastkurve vorgeschlagen, nach der dann der Masten angefertigt werden muss. Hat man bereits einen Masten, sollte man diese Mastkurve dem Segelmacher geben.

Für jemand mit höherem Körpergewicht ist es durchaus möglich das Standardsegel zu fahren, da der erforderliche härtere Masten eine dem Gewicht entsprechende größere Profiltiefe sicherstellt. Wichtig ist immer, dass das Segel auf keinen Fall sein Profil verliert.

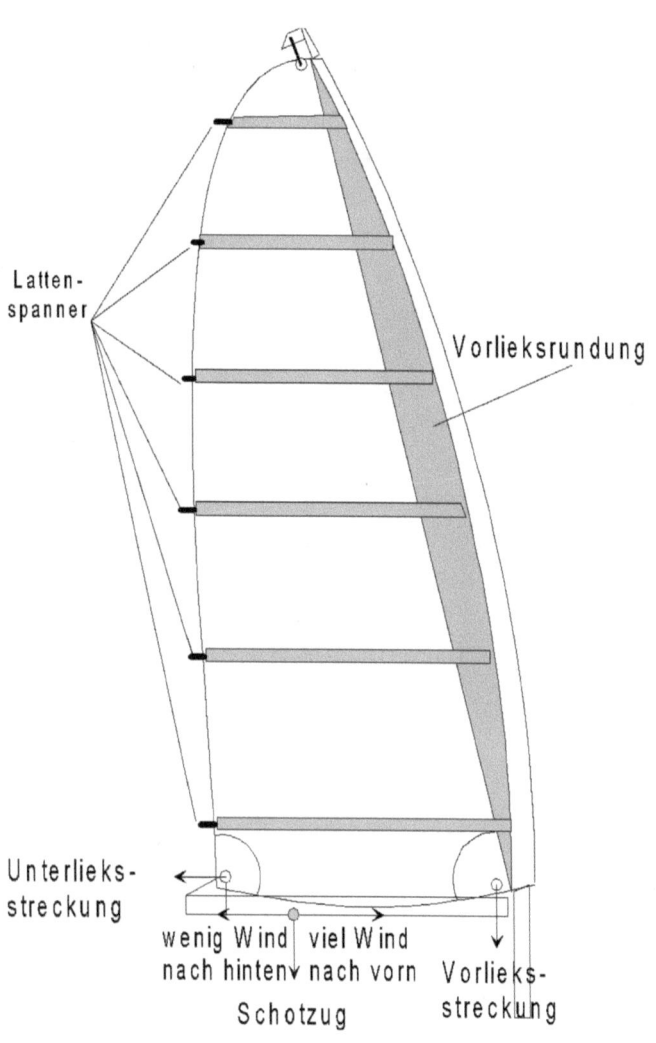

Latten-
spanner

Vorlieksrundung

Unterlieks-
streckung

wenig Wind | viel Wind
nach hinten ↓ nach vorn

Schotzug

Vorlieks-
streckung

88

In der Abbildung ist ein Segel mit losem Unterliek und Masttasche auf einem Rohrmasten dargestellt. Es sind die üblichen Trimmeinrichtungen eingezeichnet.

Der Unterliekstrecker ist für die unterschiedliche Einstellung vom Amwindkurs auf den Vorwindkurs besonders wichtig. Hier empfiehlt sich eine Hebelkonstruktion für die Verstellung mit festen Einstellpunkten.

Amwind dicht, Vorwind lose!

Diese Einrichtung muss auch unter starkem Zug leicht zu bedienen sein. Der Vorliekstrecker ist bei einem solchen Segel nicht unbedingt erforderlich, da der Holepunkt der Schot bei richtiger Einstellung diese Aufgabe mit übernimmt. Es genügt wenn das Segel am Baum fixiert ist.

Bei wenig Wind wird der Holepunkt möglichst weit achtern gefahren. Durch diese Einstellung kommt viel Spannung auf das Achterliek und das Vorliek ist lose. Ein solcher Trimm macht das Segel tiefer.

Bei viel Wind schiebt man den Holepunkt nach vorn. Diese Einstellung verringert die Spannung des Achterlieks, die Spannung am Vorliek erhöht sich. Das Segel ist flacher getrimmt.

Einen großen Einfluss auf die Profilform haben die Segellatten in Form, Härte und Spannung.

Bevor wir zum Profilmastenrigg übergehen. noch ein kurzer Tipp zum Ausmessen des Mastes bei Segeln mit Masttasche und zylindrischem Rohrprofilen,

1. Masten im unteren Bereich entsprechend Mastkoker fest einspannen.

2. Mit ca. 10 kg am Masttop belasten.

3. Eine Maurerschnur vom Top bis Mastfuß spannen.

4. Im Abstand von 50 cm den Abstand zwischen Schnur und Masten ausmessen.

Nach dieser Tabelle kann der Segelmacher die Mastkurve bei der Vorlieksrundung berücksichtigen.

Segel mit Profilmasten

Die Klassen 2 und 3 sind durchgehend mit Profilmasten ausgerüstet, wobei auch hier die Vermessungsvorschriften einen großen Spielraum lassen. Es ist also in diesen Klassen möglich einen großen Anteil der Segelfläche für den Profilmasten zu verwenden. Dass in der Klasse 2 und 3 trotz dieses Vermessungsspielraumes die Segel und Masten fast alle identisch sind, ist sicherlich auf die Kosten und schwierigen Probleme der Entwicklung eines Profilmastes zurückzuführen.

Hat man erst einmal ein Mastprofil mit einer dazugehörigen Mastlänge, dann muss das Segel an den Masten angepasst werden. Hier ist jedoch jeder Segelmacher bemüht den vorgegebenen Spielraum zu nutzen.

Grundsätzlich gelten natürlich die gleichen Eigenschaften, abhängig von der Form, wie in den kleineren Klassen.

Bei einem Profilmasten wird durch außer mittiges Drehen des Profilmastes die Tiefe im Segelprofil verändert. Eine optimale Abstimmung der Segeltiefe wird mit Hilfe einer Vorrichtung erreicht, die eine kontrollierte Drehung des Mastes zulässt. Dies geschieht durch den Mastcontroller, mit dem man die Verdrehung begrenzen kann.

Für weitere Veränderungen am Segelprofil müssen die üblichen Vorrichtungen dienen, wie Vorliekstrecker (Cunningham) und Unterliek-strecker.

Es gibt inzwischen auch die verschiedensten Segelschnitte bezogen auf die Anordnung der Nähte.

Hiermit soll erreicht werden, dass das Segel unter zunehmendem Winddruck nicht immer tiefer wird sondern sich sogar flach zieht.

Die Kombination eines Profilmastes mit Segel bietet gegenüber einem Segel mit Masttasche über einem runden Masten, natürlich ein höheres Geschwindigkeitspotential, da eine wesentlich größere Profiltreue gegeben ist.

Einen großen Einfluss haben natürlich die Segellatten und deren Form und Härte. Diese können über schraubbare Lattenspanner in der Form verändert werden,

In den letzten Jahren war nun auch in den Klassen 2 und 3 die Tendenz zu einem höheren Rigg zu beobachten. Das Problem ist bei einem schmalen hohen Segel, dass man einen neuen, längeren Masten mit einem entsprechenden Profil benötigt. Die Herstellung eines neuen Profilmastes ist sehr aufwendig. Man benötigt eine neue Form in der Ungewissheit, ob sich auch der gewünschte Erfolg einstellt. Die Kosten für solche Einzelanfertigungen "Prototypen" liegen sehr hoch. Die Entwicklung wird daher fast ausschließlich von den verschiedenen Segelwagenfirmen durchgeführt.

Es ist daher also nicht verwunderlich, dass die Klasse 2 und 3 Segel schon einer Einheitsklasse sehr ähnlich sind.

Neukonstruktionen in diesen Klassen haben gezeigt welches Potential noch vorhanden ist.

Die Fahrleistungen dieser Segelwagen wurden mit diesen verschiedenen Maßnahmen deutlich gesteigert, sodass die vorderen Plätze bei Wettfahrten nur noch mit diesen Konstruktionen belegt werden.

Bei einer Wettfahrt ist ein häufiger Wechsel der Geschwindigkeit die Regel, da Manöver gefahren werden und Wendemarken gerundet werden müssen. Es ist daher für eine gute Platzierung nicht nur die absolute Höchstgeschwindigkeit entscheidend, sondern die gesamten Fahreigenschaften eines Segelwagens. Aber es gibt auch Ausnahmen. Geht ein Rennen am Strand nur hin und her, also bei halben Wind, ist natürlich die Endgeschwindigkeit eines Segelwagens ausschlaggebend. Der Segelwagen muss auch bei hohen Geschwindigkeiten gut kontrollierbar bleiben. Das bedeutet, dass der Segelwagen bei böigem Wind nicht unkontrollierbar werden darf.

Dies ist sehr stark von der Lage des Segeldruckpunktes zum Segelwagenschwerpunkt abhängig. Das Gewicht des Seglers (Piloten) und seine Lage haben natürlich auch darauf Einfluss. Mit zusätzlichem Gewicht ist es möglich korrigierend einzugreifen.

Anordnung des Segels und Trimm

Die Segelform hat durch die Anordnung auf dem Segelwagen einen erheblichen Einfluss auf die Lenkeigenschaften.

Ein sehr weit vorn platziertes Segel (Segeldruckpunkt) lässt den Wagen abfallen. Dies ist auf dem Vorwindkurs durchaus von Vorteil, da der Segelwagen allein in die Tiefe fährt. Auf dem Amwindkurs ist dies jedoch nicht erwünscht.

Ein weit hinten platziertes Segel veranlasst den Segelwagen zum Luven. Dies ist auf dem Amwindkurs von Vorteil, da sich der Segelwagen allein in den Wind dreht. Das bedeutet auf der Kreuz eine gute Kontrolle über den Segelwagen verbunden mit optimaler Geschwindigkeit und Höhe.

Diese Lage des Segelschwerpunkts wirkt sich jedoch für den Vorwindkurs negativ aus.

Wie so häufig muss auch hier wieder der günstigste Kompromiss gefunden werden. Es darf also nicht eine Eigenschaft extrem überwiegen.

Üblicherweise ist die Lage des Mastfußes auf dem Segelwagen fixiert. Es bleibt meistens nur die Neigung des Segels zu verändern.

Die Verstellung des Mastfalls, das ist die Neigung des Mastens, ist bei der Klasse 2 und 3 mit Hilfe des Vorstags und der Wanten möglich.

Bei der Klasse 5 gibt es bei einigen Typen eine Verstelleinrichtung im Mastkoker.

Die Einheitsklassen weisen keine solche Einrichtung auf.

Die Segelwagenklassen mit Rohrmasten haben bezogen auf die verschiedenen Kurse einen Automatismus bezüglich des Mastfalls.

Beim Amwindkurs wird durch das Dichtholen des Segels der Mast nach hinten gebogen, wodurch der Segeldruckpunkt nach hinten wandert.

Der Vorwindkurs wird mit etwas gelockertem Segel gefahren, wodurch der Segeldruckpunkt durch die geringere Mastbiegung nach vorne wandert.

Eine Grundeinstellung entsprechend den Windverhältnissen und dem Kurs ist jedoch immer von Vorteil. Die Mastbiegung kann dann für den Amwindkurs das gewünschte Anluven und auf dem Vorwindkurs, mit lockerem Segel, das gewünschte Abfallen ermöglichen.

Die Skizze verdeutlicht, um welchen Betrag der Masttop nach vorne wandern kann.

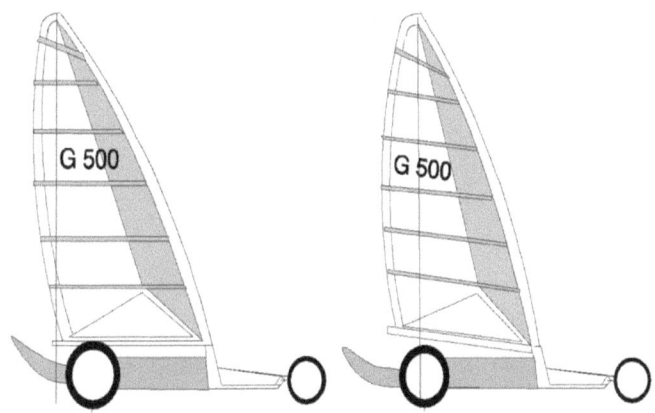

Grundsätzlich gilt für die Form und Lage des Segels:

1.Wenig Wind benötigt eine gute Profiltiefe und aufrechte Mastposition.

Dazu müssen Vorliek- und Unterliekstrecker lose sein. Der Schotholepunkt sollte möglichst weit hinten liegen, um das Achterliek dichtzuhalten.

2. Viel Wind erfordert ein flaches Segelprofil mit viel Mastfall.

Dazu müssen Vorliek- und Unterliekstrecker dicht geholt sein, der Schotholepunkt sollte möglichst weit vorne liegen, damit sich das Achterliek leicht öffnet.

Alle anderen Windstärken liegen zwischen diesen beiden Extremen.

Einfluss der Segelwagengeometrie

Die Segelwagengeometrie und das daraus resultierende Eigenlenkverhalten haben natürlich Einfluss auf die Fahrleistungen einer Landyacht.

Die Lenkgeometrie Vorderrad

Das lenkbare Vorderrad kann abhängig von der geometrischen Anordnung des Drehpunktes vom Aufstandspunkt bei seitlichem Druck Abfallen oder Anluven. Je nachdem auf welcher Seite vom Drehpunkt sich der Aufstandspunkt befindet (Mittelpunkt der Aufstandsfläche).
Bei anderen Fahrzeugen redet man hierbei von Nachlauf beziehungsweise Vorlauf, je nachdem wie die Lenkgeometrie ausgeführt ist. Ein Fahrrad oder ein Motorrad sind bezüglich der Anordnung so ausgeführt, dass der Aufstandspunkt in Fahrtrichtung hinter dem Schnittpunkt der Drehachse mit dem Boden liegt, also Nachlauf. Mit dieser Anordnung wird der Flatterneigung des Rades entgegengewirkt und außerdem ergibt sich ein Rückstellmoment für die Lenkung.

In der nun folgenden Skizze ist der Drehpunkt
hinter dem Aufstandspunkt. (Vorlauf)

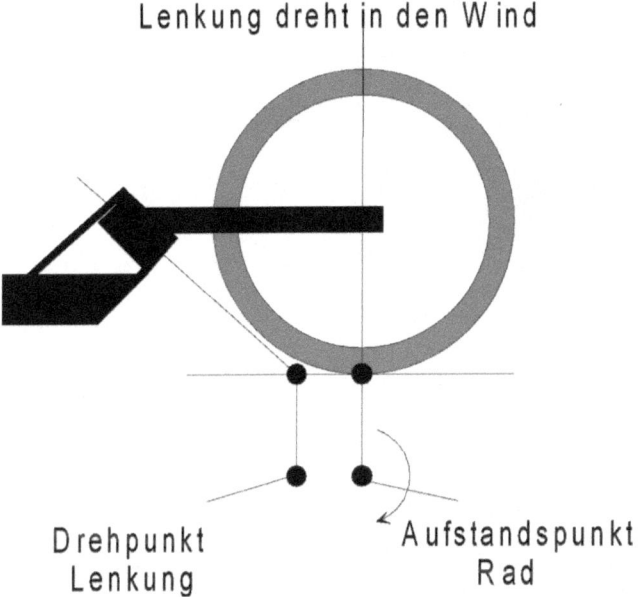

Lenkung dreht in den Wind

Drehpunkt
Lenkung

Aufstandspunkt
Rad

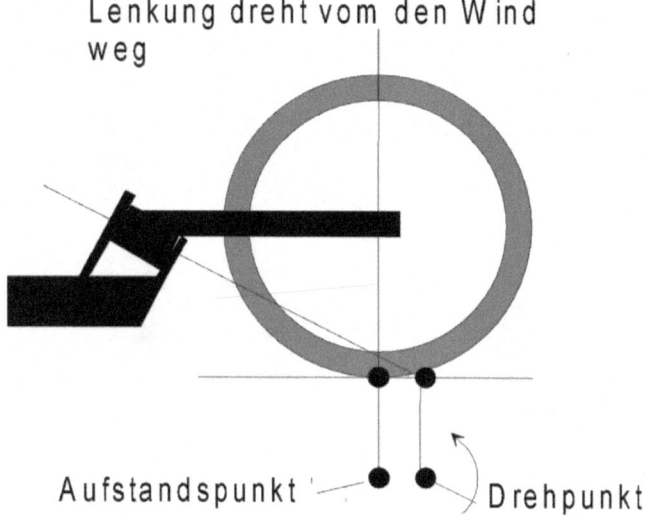

Lenkung dreht vom den Wind weg

Aufstandspunkt   Drehpunkt

Dies ist die Anordnung, die vom Lenkverhalten bei einem Strandsegler gewünscht wird. Bei der üblichen Anordnung mit Achsschenkel oder Gabellenkung, wie Fahrrad oder Motorrad würde diese Lenkung zum Flattern neigen. Nun ist aber bei der dargestellten Lenkgeometrie die Lagerung der Gabel sehr tief ausgeführt. Durch diese Anordnung wird erreicht, dass das Segelwagengewicht die Lenkung stabilisiert. Dies wird dadurch erreicht, dass der tiefste Punkt der Gabellagerung dann eintritt, wenn das Rad geradeaus steht. Jeder Lenkeinschlag führt zum Anheben der Gabellagerung.

Diese Lenkgeometrie hat noch den Vorteil, dass sich das Vorderrad beim Einlenken neigt.

Diese Lenkbewegungen, ohne dass mit der Steuerung eingegriffen wird, nennt man Eigenlenkverhalten. Der Pilot kann dieses Lenkverhalten korrigieren. Aufgrund seiner Reaktionszeit kann der Pilot es nicht verhindern sondern nur in der Auswirkung begrenzen. Geht die Drehpunktachse mittig durch die Aufstandsfläche, wirken auf die Lenkung keine Kräfte. Das bedeutet, das Vorderrad läuft ohne spürbare Reaktionskraft geradeaus

.

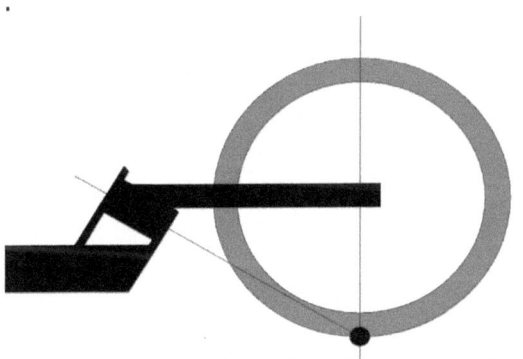

Drehpunkt und Aufstandspunkt
sind ein Punkt, also kein
Eigenlenkverhalten

Dieser Zustand ist kaum zu erreichen, da mit jedem Einfedern des Wagens die Drehachse des

Vorderrades nach vorne wandert. Hierdurch tritt eine unerwünschte Tendenz zum Abfallen ein. Um das zu vermeiden sollte der Drehpunkt im statisch belasteten Zustand immer hinter der Aufstandsfläche liegen.

Durch diese Einstellung ist bei normaler Fahrt eine Tendenz zum Luven vorhanden, die sich bei starkem Einfedern in Richtung neutral verändert. Durch diese Einstellung bleibt der Segelwagen gut kontrollierbar.

Eine der wichtigsten Regeln bei der Abstimmung "Trimmen" des Segelwagens ist eine Tendenz in Richtung Luv zu erreichen. Jedoch darf dieses Eigenlenkverhalten nie zu extrem werden.

Die Hinterachse lenkt mit

Ebenso wie das Vorderrad ein Eigenlenkverhalten hat, lenkt auch die Hinterachse
mit. Dieser Effekt ist durchaus erwünscht, kann
so doch das Fahrverhalten weiter optimiert und
das "Radieren" der Hinterräder gemindert
werden.
In der ersten Skizze ist die Anordnung der
Hinterräder in paralleler Einstellung dargestellt.
Diese Einstellung ist bei leichtem Wind zu
empfehlen, wenn beide Hinterräder belastet
sind. Das seitliche Wegdrücken der Hinterräder
durch den Wind ist noch gering, so dass dies die
günstigste Einstellung mit dem geringsten
Widerstand ist

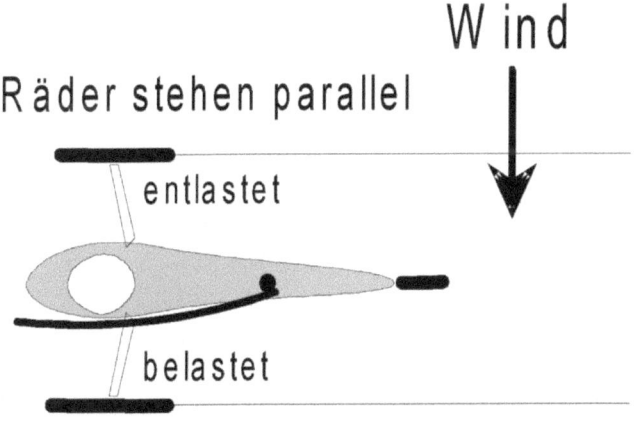

Nimmt der Wind zu, ist es besser die Spur leicht zu öffnen.

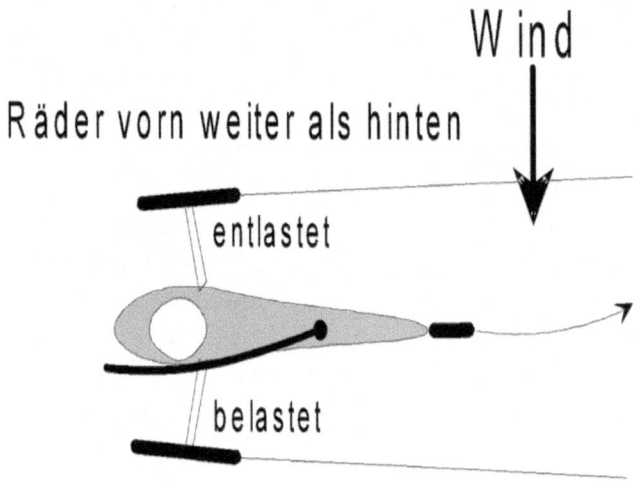

Das bedeutet, die Anordnung der Hinterräder ist nicht mehr parallel, sondern ist vorne weiter auseinander als hinten. In den Darstellungen sind zur Veranschaulichung die Einstellungen überzeichnet dargestellt. Das Öffnen der Spur sollte sich innerhalb von wenigen cm Differenz zwischen vorne und hinten bewegen.

Einstellung der Spur

Durch diese Einstellung lenkt die Hinterachse mit. Diese Einstellung kann üblicherweise durch das Verdrehen der Achsen erfolgen.
Dreht man die Achsen nach hinten öffnet sich die Spur.
Dreht man die Achse nach vorn schließt sich die Spur.
Dieser Effekt wird dadurch erreicht, weil die Räder schräg stehen und die Achsen gepfeilt sind.

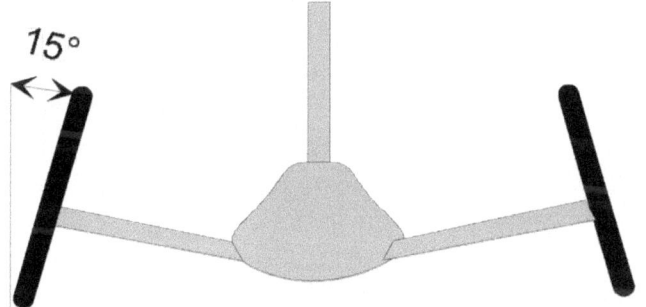

Durch den seitlichen Winddruck wird das Hinterrad auf der Leeseite stärker belastet.
Das Rad auf der Luvseite wird entlastet.
Das Luvrad hat, da entlastet, auf die Fahrtrichtung kaum Einfluss. Die Fahrtrichtung wird also nur noch durch das Leerad bestimmt. Da

dies nach außen zeigt, wird der Wagen anluven. Dieses Anluven geschieht nun ohne, dass das Hinterrad quer durch den Sand radiert. Zumindest geschieht dies aber in abgeschwächter Form und der Wagen wird nicht mehr so stark abgebremst. Wie weit man diese Einstellung treiben kann, muss herausgefahren werden, denn es ist davon abhängig, wie weich der Segelwagen abgestimmt ist. Hat man einen weichen Wagen, öffnet sich die Spur unter Belastung allein. Auf dem Vorwindkurs kann durch die wechselseitige Belastung der Hinterräder und das damit verbundene Eigenlenkverhalten, der Wagen ins Schlingern kommen, bis ein Dreher unvermeidlich ist.

Bei einigen Konstruktionen in der Klasse 5 und bei den Mini Yachten ist durch stark gepfeilte Achsen ein Automatismus eingebaut, der das Öffnen der Spur auslöst. Diese Wagen können mit paralleler Spur eingestellt werden.

Diese Segelwagen sind sehr sensibel und schnell. Aber auf schnellen Kursen schwierig zu kontrollieren.

Eine Einstellung der Spur der Hinterräder, wie in der dritten Abbildung dargestellt, ist nicht zu empfehlen.

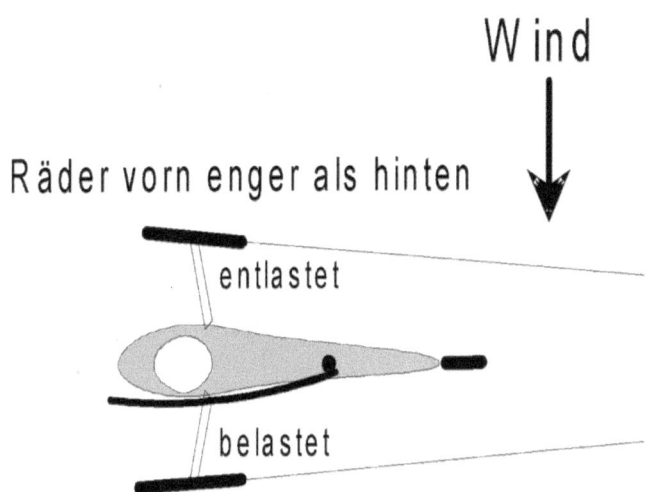

Wind

Räder vorn enger als hinten

entlastet

belastet

Die Vorderseite der Räder ist dichter zusammen als die Rückseite der Räder. Diese Einstellung bremst den Segelwagen. Eine solche Einstellung kann nur bei einem Segelwagen angewendet werden, der bei paralleler Einstellung zu unruhig läuft und sollte nur als kurzfristige Abhilfe dienen.

Ein Segelwagen, der zum Schlingern neigt, ist meistens zu weich. Hier müssen Verstärkungen das Eigenleben der Radaufhängung verhindern, denn es ist gefährlich ein nicht kontrollierbaren Segelwagen in einem größeren Teilnehmerfeld zu bewegen.

Die Einstellung der Spur erfolgt am günstigsten mit Hilfe eines etwa 1 m langen geraden Rohres von 12 mm Durchmesser am Strand. Man richtet den Segelwagen waagerecht in Richtung eines Pfahles oder einer anderen Markierung aus. Dies kann schon mit Hilfe des Rohres geschehen, indem man mittig über den Wagen die gewählte Markierung anpeilt. Dann legt man das Rohr seitlich an das rechte Rad an und sucht wieder die gleiche Markierung. Ist die Peilung rechts an der Markierung vorbei, ist die Spur zu weit geöffnet und die Achse muss nach vorn gedreht werden. Durch diese Verdrehung wandert die Peilung nach links. Ist die Peilung zu weit links, muss die Einstellung entgegengesetzt verlaufen. Die Einstellung des linken Rades erfolgt sinngemäß.

Die Einstellung sollte auch mit Last nachgeprüft werden. Bei Strandseglern mit anderen Konstruktionen der Radaufhängung muss die entsprechende Einstellmöglichkeit verwendet werden, wobei die Vermessung analog erfolgen kann.

Konstruktionen und Zusammenfassung

Über die Einheits- oder Standardklassen wie Manta und Blokart kann nicht viel berichtet werden, da hier die Konstruktion über Dreieckskonstruktionen festgelegt ist.

Einstellmöglichkeiten sind meist nicht vorhanden.

Für die Klassen 2 und 3 gelten die gleichen geometrischen Lenkeinflüsse, jedoch muss dies mit anderen Mitteln erreicht werden.

Hier wird über die Form der Planke versucht die Lenkgeometrie zu beeinflussen.

Die Klassen, in denen verschiedene Chassiskonstruktionen gegeneinander fahren, sind die Klasse 5 und die Mini Yachten. In diesen Klassen sind sehr steife Rahmenkonstruktionen auf Basis von Dreiecken ebenso vertreten, wie geschweißte, flexible Rahmen in unterschiedlichster Anordnung.

Welches nun wirklich das schnellste Chassis ist kann noch nicht gesagt werden. Jede dieser Konstruktionen hat gewisse Vorteile gegenüber der anderen und es ist die Frage welche Vorstellungen der Segler hat und mit welcher Konstruktion er am besten zurecht kommt.

Die serienmäßig gefertigten Modelle der Klasse 5 vertrauen auf einen geschweißten Basisrahmen mit einer Kunststoffschale.

Bei den Mini Yachten sind es teils geschweißte teils geschraubte Rahmen mit genähten Stoffsitzen. Die Achsen und teilweise auch das Rohr zum Vorderrad sind abschraubbar. Diese Lösung hat den Vorteil, dass bei extremer Belastung mit Verbiegungen oder Achsbrüchen diese Teile leicht ausgewechselt werden können, ohne dass der Segelwagen gleich unbrauchbar wird.

Wo kann man Strandsegeln

Eine der wichtigsten Fragen für jemanden, der mit dem Strandsegeln beginnen oder sich informieren will, ist natürlich, wo kann man diesen Sport ausüben?

Die nachfolgende Übersichtskarte zeigt die Gebiete in Deutschland und Dänemark.
Die dänische Insel Romo ist ein sehr beliebtes Revier.

Auf den Nordseeinseln Borkum, Juist und Norderney ist hauptsächlich die Klasse 5, Mini Yachten sowie Blokart und Mantasegler vertreten.
Die drei Nordseeinseln und St. Peter Ording sind daher auch die Austragungsorte der Qualifikationsläufe für die Europameisterschaften der Klasse 5.
Jede der drei Nordseeinseln hat auch einen Strandsegelclub oder zumindest eine Strandsegelsparte.

Deutschland und Dänemark

Die deutschsprachigen Gebiete sind schnell aufgezählt, denn das Strandsegeln wird nur an den Strandabschnitten ausgeübt, wo durch Ebbe und Flut eine glatte, feste Piste entsteht.

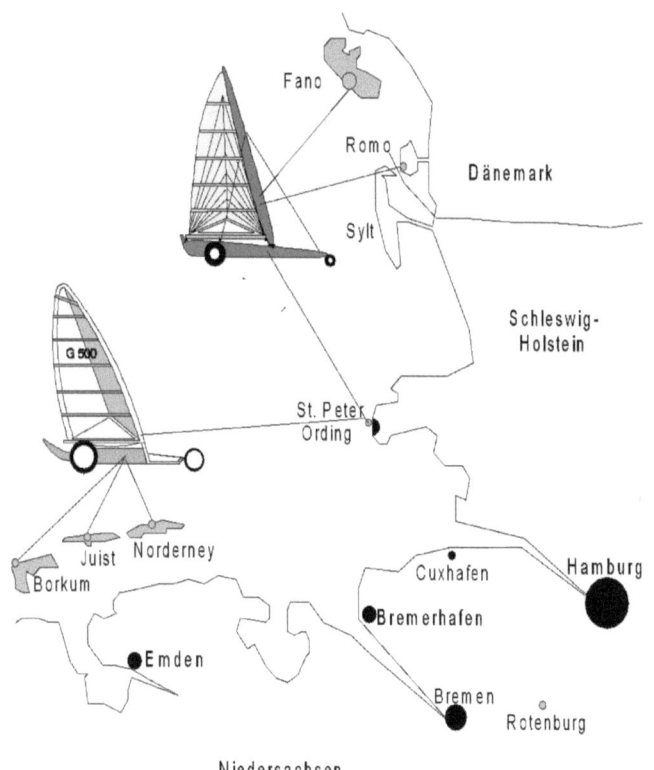

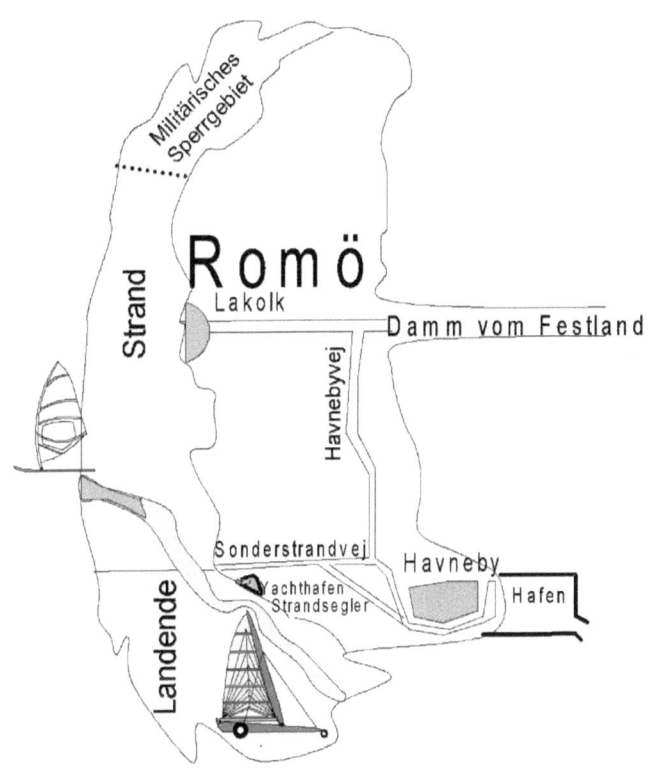

Es wurde dort 2019 eine Europameisterschaft der Mini Yachten ausgetragen.

Es ist auch für diese Segelwagen ein hervorragendes Revier, da praktisch keine Priele vorhanden sind und man im Sommer fast unabhängig von den Gezeiten segeln kann.

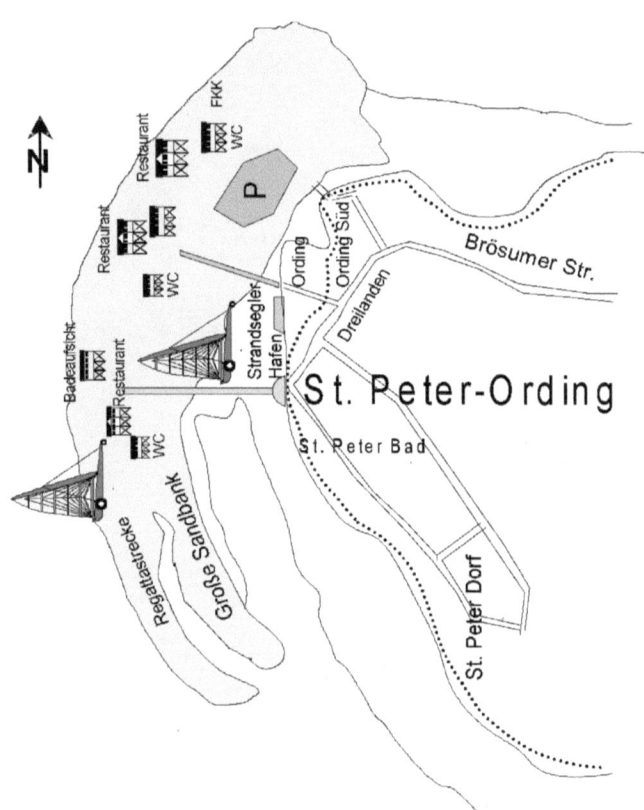

Der Strandsegelclub in St. Peter Ording
Anschrift: Yachtclub St. Peter-Ording (YCSPO)-
Am Wäldchen 5, 25826 St. Peter- Ording, bietet
jedes Jahr Unterricht und die Abnahmeprüfung
zum Strandsegelschein an. In St. Peter Ording
sind die Zeiten eingeschränkt, auch das Befahren
des Strandes ist an einige Bedingungen

geknüpft. Informationen hierzu gibt es im Interne

Das Gebiet, auf dem in St. Peter gesegelt werden darf, ist natürlich auch begrenzt, da für die Erholungssuchenden und Badegäste ein erheblicher Anteil der Sandbank belegt ist.

Zudem wurde die im Sommer fast tidenfreie Platte vor dem Yachthafen durch die Kitebuggys belegt.

Die Parkplätze für die Autos der Badegäste beanspruchen ebenfalls Stellflächen. Für die Strandsegler bleibt das Gebiet vor dem Yachthafen zwischen den beiden Stegen und die äußere Sandbank als Regattastrecke übrig.

Die deutschen Segler der Klasse 2 und 3 sind fast ausschließlich im YCSPO. So ist es verständlich, dass alle Qualifikationsläufe für die EM sowie die Deutschen Meisterschaften der Klasse 2 und 3 in St. Peter Ording stattfinden.

Die dänische Insel Römö ist auch ohne Fähre zu erreichen. Auf Römö ist das ganze Jahr über das Strandsegeln erlaubt. Natürlich ebenfalls mit Gebietseinschränkungen. Hier ist das Gebiet für die Kitebuggys vom Strandsegelgebiet getrennt.

Die Übersichtskarte zeigt, dass nur das Landende für das Strandsegeln freigegeben ist.

Unter idealen Wetterverhältnissen ist dieser 2 bis 4 qkm große Strandabschnitt für das Strandsegeln durchaus ausreichend. Dies ist bei Winden aus östlicher Richtung der Fall. Leider gibt es in den letzten Jahren verstärkt Wetterlagen mit starken West- bis Südwestwinden, die eine Überflutung des Landendes zur Folge haben., also des gesamten für das Strandsegeln freigegebene Gebiet.

Nach einer solchen Wetterlage dauert es üblicherweise ein bis zwei Tage bis das Wasser wieder abgelaufen ist.

Wenn man einen Urlaub auf Römö plant, sollte man sich darauf einstellen, dass das Segeln nicht immer möglich ist.

In Dänemark gibt es zwei Strandsegelgebiete. Das eine befindet sich auf der Insel Römö. Diese Insel ist mit einem Damm mit dem Festland verbunden, über den man mit dem Auto, ohne Gebühr, die Insel bequem erreicht. Hier ist das ganze Jahr über am Landende das Strandsegeln erlaubt.

Es ist auch möglich in den dänischen Strand-seglerclub einzutreten.

Der Strandsegelclub Romo veranstaltet im Sommerhalbjahr eine ganze Anzahl von Wettfahrten. An diesen Regatten kann jeder teilnehmen, der die Befähigung hat.

Erforderlich ist immer ein Strandsegelschein und eine Versicherung.

Auf der Insel Fanö, die nur mit der Fähre zu erreichen ist, finden nur hin und wieder Wettfahrten statt. Das Strandsegelgebiet ist in der Mitte der Westküste.

Borkum

Nun zu den drei Ostfriesischen Inseln, die Austragungsorte der Qualifikationsregatten der Klasse 5 sind. Die Insel Borkum als westlichste Insel hat ein genau beschriebenes Gebiet, auf dem das Strandsegeln erlaubt ist.

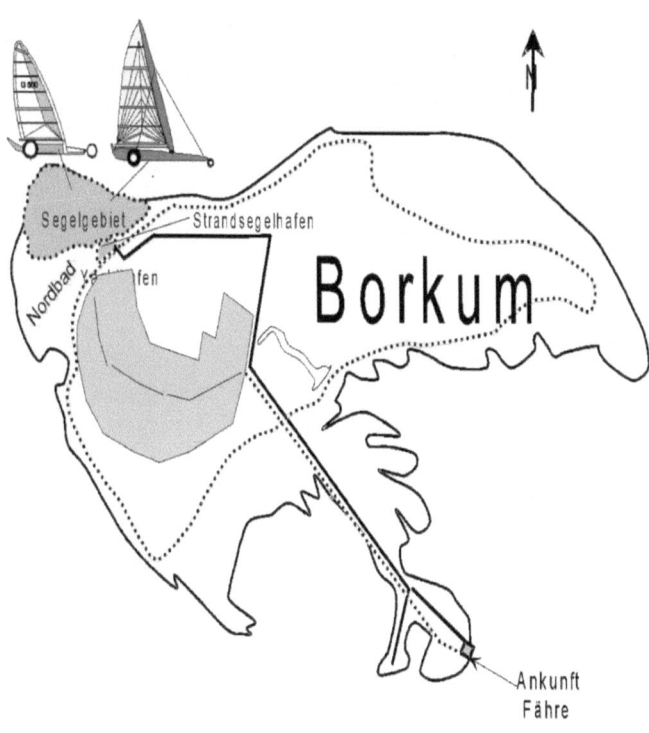

Juist

Die Nachbarinsel Juist hat gegenüber Borkum und Norderney eine Besonderheit. Das Auto darf nicht mitgenommen werden, denn die Insel ist für den Kraftfahrzeugverkehr gesperrt. Der Transport des Strandseglers wird dadurch erheblich erschwert und muss gut vorbereitet sein. Es ist daher verständlich, dass auf Juist nur die Mantas, Blokarts und die Klasse 5 sowie Mini Yachten vertreten sind.

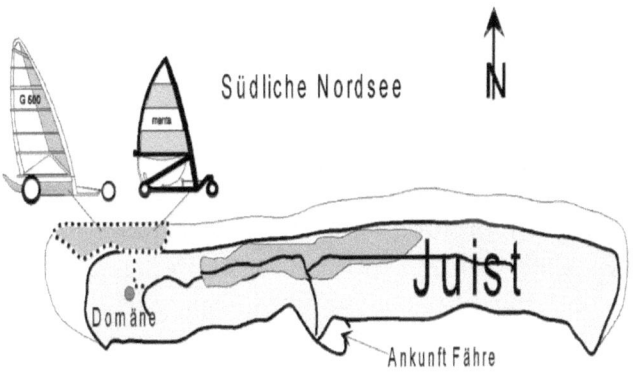

Norderney

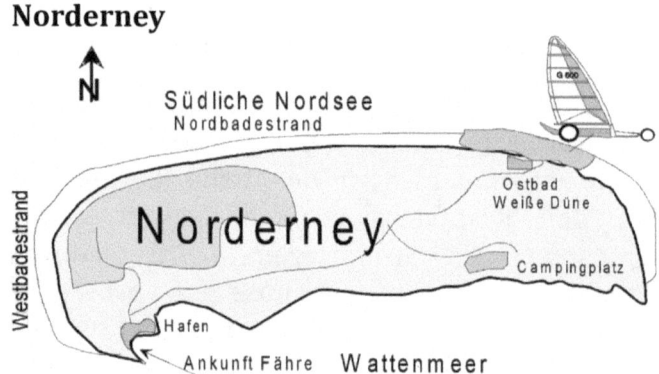

Östlich von Juist liegt Norderney. Auf Norderney ist das Autofahren außerhalb der Ortschaft erlaubt. Der Transport des Strandseglers ist dadurch gut möglich.

Neben der Gebietsbeschränkung an der weißen Düne ist das Strandsegeln im Sommer nur nach 17.00 Uhr erlaubt. In den anderen Jahreszeiten ist dies ohne zeitliche Begrenzung von Sonnenaufgang bis Sonnenuntergang frei.

Die anderen Ostfriesischen Inseln sind hinsichtlich Strandsegelregatten nicht aktiv. Es ist aber auf den Inseln Langeoog und Wangerooge möglich, da hin und wieder Segler von diesen Inseln an Regatten teilnehmen und von guten Segelbedingungen berichten.

Für alle Ostfriesischen Inseln ist jedoch anzuraten sich vorher bei den jeweiligen Kurverwaltungen zu erkundigen, da von Jahr zu Jahr Änderungen eintreten können.

Belgien

Nun zu Belgien, ein Land mit einer sehr kurzen
Küstenlinie, jedoch einer langen Strand-
segeltradition.
Hier begann man um 1900 mit selbstgebauten
Strandseglern die Küste zu erkunden.

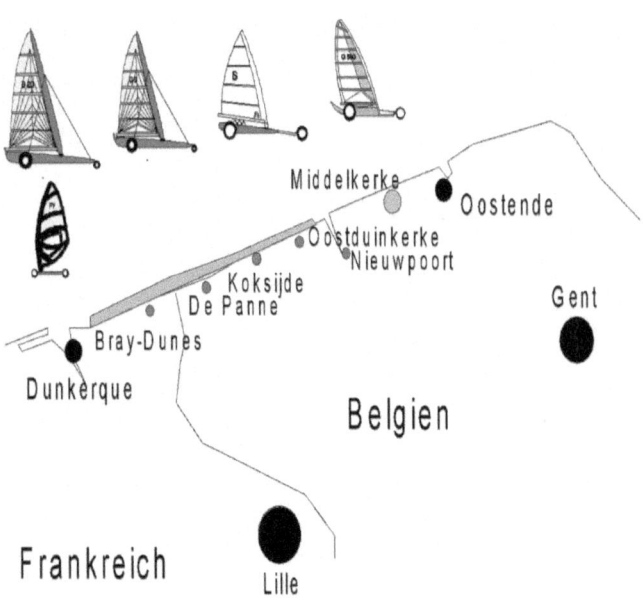

Der Küstenstreifen zwischen Nieuwpoort und Dunkerque ist auch heute eine der meist besegelten Strände. In de Panne gibt es eine Strandsegelschule. Hier kann man während des Sommerurlaubs unter sachkundiger Anleitung den Strandsegelschein erwerben.

Das Strandgebiet westlich von de Panne in Richtung der französischen Grenze ist auch im Sommer für Strandsegler frei. Hier findet auch regelmäßig im Frühjahr eine Langstreckenregatta statt. Diese führt von de Panne nach Dunkerque und zurück. Dies ist auch das Gebiet, auf dem an vielen Wochenenden zahlreiche nationale und internationale Wettfahrten stattfinden. Wenn man also einmal als interessierter Zuschauer Strandsegeln beobachten will, ist de Panne der geeignete Ort, denn hier hat man von den vielen Strandcafes aus einen wunderbaren Blick auf das Meer und den Strand. In der Hochsaison ist natürlich sehr viel Trubel.

In Belgien und Frankreich werden auch die zur Zeit schnellsten Segelwagen der Klasse 2 ,3 und 5 gebaut.

Frankreich

Da wir nun schon an der französischen Grenze sind gehen wir gleich zur Strandsegelnation Nummer 1 den Franzosen über. In Frankreich ist das Strandsegeln sehr verbreitet, denn der Franzose liebt den Rennsport.

Hier eine Übersichtskarte CLUBS DE CHAR A VOILE von der französischen Strandsegelvereinigung, die ihren Sitz in Berck hat.

Es gibt eine große Anzahl von Strandseglern und es gibt kein anderes Land mit so vielen Clubs und Strandsegelgebieten. Die für das Strandsegeln geeignete Küstenlänge ist sehr groß, da sowohl die Kanalküste wie auch die Atlantikküste mit einem ausreichenden Tidenhub beschert ist. In der Bretagne sind es bis zu 15 m Höhenunterschied und es ist vorstellbar, welche Strandflächen hier trockenfallen und auf denen dann das Strandsegeln möglich ist. Will man im Urlaub auf einem fremden Küstenstreifen segeln, ist es in jedem Fall empfehlenswert sich bei einem der ansässigen Clubs bezüglich der örtlichen Gepflogenheiten zu erkundigen.

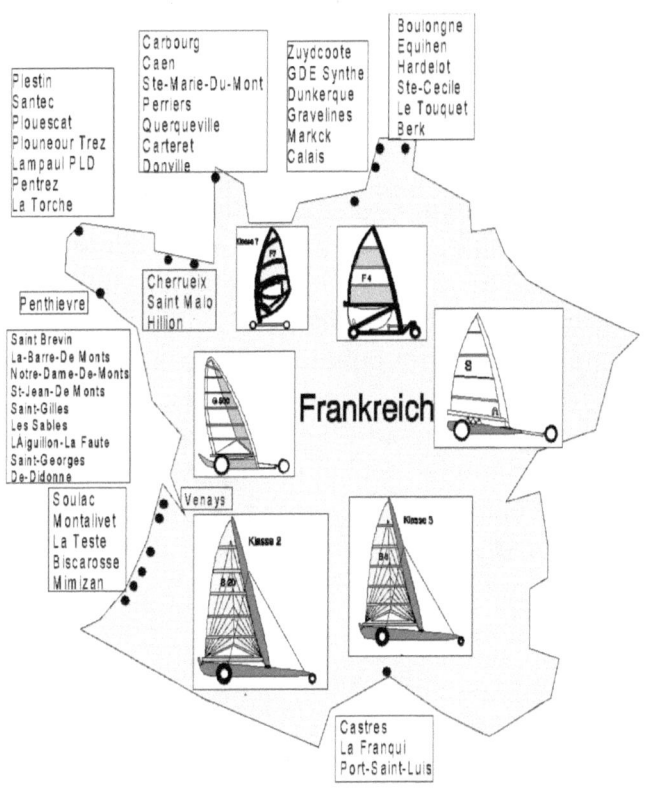

Dies ist in Frankreich besonders zu empfehlen, da hier von Ort zu Ort in der Urlaubszeit andere Regeln gelten. Da Frankreich die meisten aktiven Strandsegler besitzt, sind in Frankreich auch sehr viele Segelyachthersteller beheimatet.

Niederlande

In der Reihenfolge haben wir die Niederlande. unseren direkten Nachbarn. übergangen. Dies geschah aus dem Grund, dass die Niederländer zwar über viel Küste verfügen, aber das Strandsegeln nur auf zwei Gebieten mit Einschränkungen erlaubt ist.

Es handelt sich hierbei um die Insel Terschelling und das Strandgebiet vor Ijmuiden. Die Insel Terschelling ist in den Niederlanden das Strandsegelrevier, auf dem die Europameisterschaften und die Wettfahrten zur Ermittlung der Landesbesten ausgetragen werden.

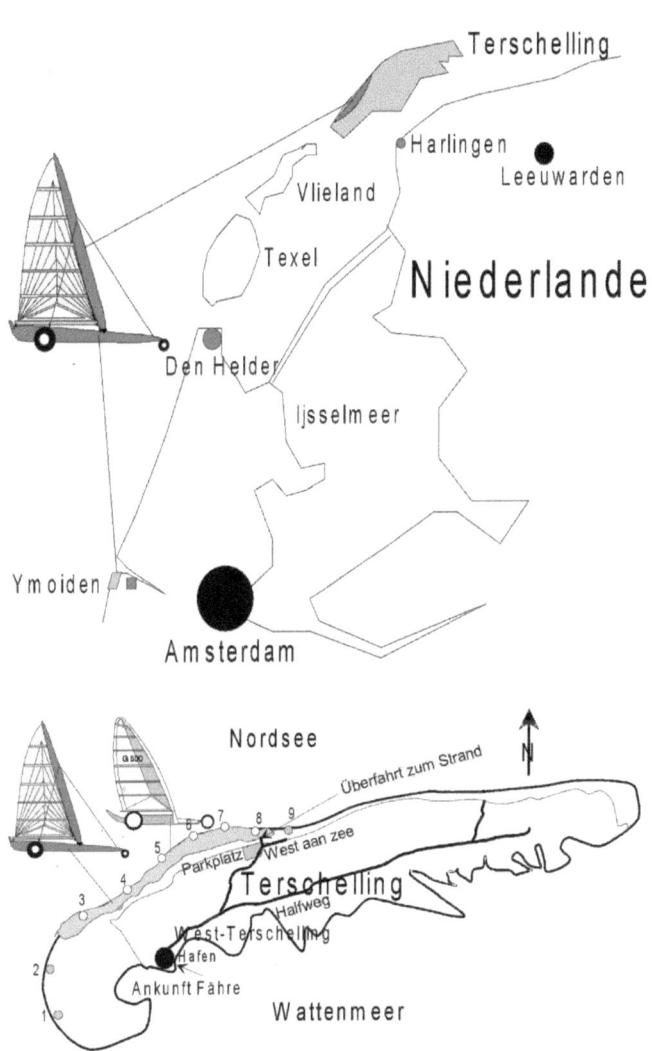

Terschelling

Harlingen
Leeuwarden
Vlieland
Texel
Niederlande
Den Helder
Ijsselmeer
Ymoiden
Amsterdam

Nordsee
Überfahrt zum Strand
N
7
6
8
9
5
Parkplatz West aan zee
4
Terschelling
3
Halfweg
West-Terschelling
2
Hafen
Ankunft Fähre
1
Wattenmeer

Großbritannien

Nun noch zu England, die zweitstärksten Nation, die bei Europameisterschaften vertretenen ist. Die Engländer sind ähnlich wie die Franzosen sehr am Rennsport interessiert.
Es ist daher auch nicht verwunderlich hier viele Strandsegler anzutreffen.

Gesegelt werden in England alle Klassen.
Diese aufgezählten Reviere werden noch ergänzt durch Reviere in Übersee, USA, Südamerika und Australien.

Eine Internetrecherche ist empfehlenswert.

FSC
www.fsc.org

MIX

Papier | Fördert
gute Waldnutzung

FSC® C083411

Zeitfracht Medien GmbH
Ferdinand-Jühlke-Straße 7
99095 Erfurt, Deutschland
produktsicherheit@kolibri360.de